公開霊言

ルソー
カント
シュタイナー

霊性と教育

大川隆法
RYUHO OKAWA

本霊言は、2010年5月27日、幸福の科学総合本部にて、
質問者との対話形式で公開収録された。

まえがき

いま、新時代の教育学が求められている。いや、もっと正確に言うならば、未来教育学の源流となるべき思想が求められている。

一国《いっこく》の興隆《こうりゅう》は、教育の成功に始まり、一国の衰退《すいたい》は、教育の失敗に端《たん》を発するものだ。

約二百年の歳月を経て、ルソーやカントの教育哲学も錆《さび》落としをし、新しい生命《いのち》を吹き込まねばならない時が来た。「霊性と教育」のかかわりを探究し続けた、ルドルフ・シュタイナーの言葉にも学ばなくてはなるまい。「ほんとうのことを、教えてほしい」と願っている、教育に関心のあるすべての人々に本書を贈る。

二〇一〇年　六月二十三日

幸福《こうふく》の科学《かがく》グループ創始者兼総裁《そうししゃけんそうさい》
（幸福《こうふく》の科学学園創立者《かがくがくえんそうりつしゃ》）

大川隆法《おおかわりゅうほう》

霊性と教育　目次

第2章　宗教と学問の関係について

二〇一〇年五月二十七日　カントの霊示

第3章　今こそ宗教教育の解放を

二〇一〇年五月二十七日　ルドルフ・シュタイナーの霊示

第1章

啓《けい》蒙《もう》思想の真意を語る

二〇一〇年五月二十七日　ルソーの霊示

ジャン・ジャック・ルソー（一七一二～一七七八）

ジュネーブ生まれの啓蒙《けいもう》思想家。『人間不平等起源論』『社会契《けい》約論《やくろん》』で人間の平等と国民主権を訴《うった》え、『エミール』で人間の自然的な善性を重視した教育論を展開した。死後に刊行された『孤独《こどく》な散歩者の夢想』では晩年の心境が語られている。過去《かこ》世《ぜ》は、ストア派のローマ皇帝《こうてい》、マルクス・アウレリウス。

［質問者二名は、それぞれA・Bと表記］

1　学問や教育の問題を、三人の高級霊《こうきゅうれい》に問う

大川隆法　私は、昨日《さくじつ》（五月二十六日）、幸福の科学の青年や学生の集会に出ましたが、その際、彼らに対して、「もう少し、学問や教育に関する教えや指針が欲しいのかな」という印象を持ちました。

今、教育関係者の霊言集《れいげんしゅう》としては、『福沢諭吉《ふくざわゆきち》霊言による「新・学問のすすめ」』（幸福の科学出版刊）しかないのですが、それだけでは少し足りないような気がします。

それ以外の教育関係者から霊言をいただいたならば、学生や若者にとって、参考というか、ヒントになることがあるのではないかと思います。彼らに対して、

学校生活のことだけでなく、それ以外の活動や行動についても、ご意見がいただけるのではないでしょうか。

そこで、今日は、ルソー、カント、ルドルフ・シュタイナーという、三人の霊言を収録したいと考えています。

一人目のルソーは有名な方《かた》です。もう二百年以上、その思想の影響《えいきょう》は続いているので、影響力としては、そうとうなものです。

彼は、フランス革命に影響を与《あた》えた人物と言われていますし、また、彼の思想は、おそらく、現代の日本の大学における「教育学部の左傾化《さけいか》」にも関係はあるような気がします。

ルソーの教育論としては、『エミール』が有名です。ルソーの次に話を聴《き》く予定であるカントは、生前、毎日、午後三時ごろに散歩をする習慣を持っていたのですが、「カント先生が、三日間、家から出てこなくなった。なぜかというと、ルソーの『エミール』を読みふけっていたからだ」という話があるぐらいです。この二人は同時代人です。

二人目のカントは、過去にも霊言を録《と》っているので（『大川隆法霊言全集 第9巻』『大川隆法霊言全集 別巻5』〔宗教法人幸福の科学刊〕参照）、偉《えら》い人であることは分かっているのです。

ただ、カントが宗教的なるものを学問的対象から外したため、現在、カントの流れを引く学者には、宗教を排除《はいじょ》する傾向が強く出てきているので、これについては、カント自身に何か少し意見を言っていただかないといけないと思います。カントからは、唯物論《ゆいぶつろん》のもとになるような流れも出ているように感じられます。

三人目のルドルフ・シュタイナーは、神智学《しんちがく》から独立して「人智学《じんちがく》」というものを開いた方であり、ドイツで二十世紀の前半に活躍《かつやく》しています。偉大《いだい》な霊能者でもあって、たくさん本を書いていますし、講演も数多くしています。

この人のアトランティスに関する話から、「アーリア人の優越性《ゆうえつせい》」のような説が出てきたのですが、のちに、ヒトラーが、この説を悪用してユダヤ人排斥《はいせき》等を行った面もあるので、この人には功罪の両面があるとは思うのです。

ただ、今、この人は、宗教と学校教育とを一体化した「シュタイナー教育」等でも有名なので、幸福の科学学園を持っている当会としては、参考になるところもあるのではないかと考えています。何か参考になる意見を言ってくださる可能性はあると思います。

この三人は、いずれも高名な方《かた》なので、質問者は、なかなか大変ではないかと思いますが（笑）、この霊言を本で読む人たちは、必ずしも、その方面のプロばかりではないので、一般《いっぱん》の人に分かる言葉で、分かりやすく訊《き》いていただきたいものです。

趣旨《しゅし》としては、学生や青年層等も含《ふく》め、学問や教育に関心のある方に対して、生き方や勉強の仕方、宗教とのかかわり方などについての、いろいろなアドバイスをいただければよいと考えています。

2 ルソーは「ゆとり教育」をどう見るか

では、ルソーから始めます。

（約二十秒間の沈黙《ちんもく》）

『人間不平等起源論』や『エミール』等、さまざまな著書を著《あらわ》され、思想界、教育界に影響《えいきょう》を与《あた》えられた、ジャン・ジャック・ルソーよ。幸福の科学に降りたまいて、われらに教育関係の指導をなしたまえ。

ルソーよ、幸福の科学に降りたまいて、われらを指導したまえ。

（約三十秒間の沈黙）

ルソー　ルソーです。

Ａ――　ルソー先生、本日は、ご降臨を賜《たまわ》り、まことにありがとうございます。教育をテーマにして、幾《いく》つか質問をさせていただきます。

ルソー　うん。

Ａ――　この日本におきましても、ルソー先生の教育思想の影響には非常に大きなものがあります。特に、近年では、ルソー先生の思想に、ほぼ基づきながらも、それを誤解し、極端《きょくたん》なところまで推し進めたようなかたちで、「ゆとり教育」というものが全国的に行われました。

ルソー　うーん。

A――　ルソー先生は、「自然に帰れ」というようなお考えを示されたと言われておりますが、そのお考えを誤解し、「子供は、自然の状態そのままでよいのだ。勉強しなくてもよいのだ」というような考え方に基づいて、ゆとり教育が行われてきたのです。

ただ、それは、ルソー先生の当時としては、一部、有効な考え方であったかとは思うのですが、今の時代には合わないところもあると思います。

その点について、ルソー先生の真意をお伺《うかが》いできればと存じます。

ルソー　うーん。私の教育論は、決して、「原始人に帰れ」という意図で成立したものではないし、そういうことを志していたものでもなくて、「人間が、本来、自然に持っている優《すぐ》れた輝《かがや》きを、磨《みが》き出すこと、取り出すことが大事だ」という考えであったわけだね。

教育思想として、反近代的、反現代的な考えを言っているわけではなく、むしろ、「人間が本来持つ力の素晴《すば》らしさを引き出すのが教育の使命であって、それを、下手ないじり方をして壊《こわ》してはいけない。玉《たま》を磨けば光るけれども、玉に傷を入れてはいけない」というような考えであった。

だから、「ゆとり教育」のようなかたちで、〝縄文《じょうもん》時代人〟をつくる方向に私の教育論が使われているのであれば、残念なところがあるね。

私の教育論は、いちおう啓蒙《けいもう》思想なんだよ。

3　ルソーが自分の子供を養育しなかった理由

A――　ルソー先生のお考えに対しまして、「家庭崩壊《ほうかい》を招くような考え方だ」と言う人たちもおります。

ルソー　あー、君、なかなか厳しいところを突《つ》いてくるではないか。

A――　申し訳ございません。

ルソー　お互《たが》い、それは、いろいろあるからね。うーん。

Ａ――　ルソー先生は、人生において、ご自身のお子さまを、自らの手でお育てにならなかったとお聞きしております。

ルソー　言いにくいことを……、君ぃ（会場笑）、言いにくいことを言ってくるではないか。

Ａ――　「国が子供の面倒《めんどう》を見るべきだ」というような考えも、そのへんの流れから出てきているのではないかと思うのですが。

哲学者《てつがくしゃ》には生活力のない人が多い

ルソー　君ねえ、哀《あわ》れみの心を忘れたら人間ではなくなるよ。気をつけなさいよ。哀れみの心がなくなったら動物になるからね。

日本にも「武士の情け」という言葉があるんだろう？　だから、そのへんは、ちょっと、よく考えて発言しないといけない。現代には私の〝類似品〟がたくさんいるからね。ほかの人を傷つけるといけないから、言葉をよく選んで話をしようね。

君が言ったように考える人もいるかもしれないけれども、私だって基本的には哲学者《てつがくしゃ》なんだよ。哲学者というものは、基本的には、〝孤独《こどく》な散歩者の夢想〟だよ、本当にね。哲学者は孤独なものであって、思想で飯は食っていけないものなんだよ、君。分かる？

思想や哲学をやっていると、普通《ふつう》、飯は食っていけないし、家庭は営めないんだよ。家族を養えるほどの力が普通はないし、生計を立てることのために自分の時間をあまり使いたくない。それよりは、「考えること、思索《しさく》に集中し、自由人として生きたい」という気持ちがあるわけだね。

私が、そのように責められる場合には、小説家や、それを目指している人たちも、みな、責められるであろうと思われる。

そういう、哲学思想空間や文学空間に生きている人は、みな、だいたい生活力がないものであり、パトロンがつかないかぎり、生きていけない人が多いよね。「パトロンの庇護《ひご》の下《もと》で、自由に創作に励《はげ》む」というのが普通のパターンだな。

作品などを収入に変えながら創作することができる人は、右手と左手の両方が利《き》き腕《うで》のような人だよ。そういう人は、あまり数がいないね。

実業に向いている人は実業に進んだらいいけれども、思想家に向いている人は、実業のほうはできないのが普通なんだね。

子供の存在は哲学者にとって非常に〝不都合〟であった

別に、「私だから」ということではなくて、昔の仏教では、仏陀《ぶっだ》も同様だろうし、宗教家や哲学者、思想家にはよくあるパターンとして、「家庭に責任を持てるほどの経済力をつくり上げることができなかった」ということではあるわけだな。

そういう意味で、思索にはふけっておったが、ま、「アモール（愛）の心が、ときどき起きないわけではなかったので、その自然の帰結として、なぜか、〝私に似た者〟が、この世に生まれてくることがあった」ということである。ただ、

「それは、哲学思想を思索する者にとっては、非常に〝不都合〟であった」ということなのである。

そのように不都合なので、ほかの人に子供の面倒を見てもらったわけであり、現代で言えば、小説家が、食っていけないので、施設《しせつ》に子供を預けたようなものかな。

そのように思っていただければ、「武士の情け」としては、現代にも通用する考え方かと思うな。

Ａ――　理解いたしました。

ルソー　だから、まあ、それは、君、あれですよ、子供が憎《にく》いわけでもないし、子供を殺したいわけでもなくて、ただ経済力がなかっただけなんだよ。うーん。

4 「教育の無償化《むしょうか》」の是非《ぜひ》

A――　今、日本では、民主党という政党が政権を取っております。この政権は、「教育については、全部、国が面倒《めんどう》を見る」というようなことを考えて、「高校を無償化《むしょうか》する」という政策を打ち出しております。しかし、これは、非常に問題があると思うのです。

現代において、日本の教育というものを考えた場合に、どういうあり方が望ましいのか、ご教示いただければと存じます。

教育の無償化には功罪両面がある

ルソー　いや、それには、よし悪《あ》しの両方が、やはりあるだろうと思うんだよ。

先ほど、福沢諭吉《ふくざわゆきち》さんの名前が出ていたけれども、ああいう、実学中心型の学問体系をつくっていく方の目から見れば、たぶん、問題があるだろうと思うんだね。

そのように教育を無料にして、全部、国家が面倒を見てやるようなかたちになれば、いろいろな種類の人間が〝放牧《ほうぼく》〟されるような状態になっていくんだね。だから、実学を重視するような人であれば、「やはり、教育は、この世で役に立たなければいけないし、投資には、それに見合う効果がなくてはいけない」というように考えるだろうね。

しかし、逆に、文学や芸術、あるいは思想をやるようなタイプの人間にとっては、「これを、いくら勉強したって、金にはならない」ということを、もう、みな、よく知っているわけだよ。

例えば、〝絵描《えか》きの失敗作〟なんて、いくらでもいるわけであって、この教団にも、たくさんいるんじゃないか？　「絵描き、彫刻家《ちょうこくか》、その他、芸術家のなり損《ぞこ》ないが、たくさん集まっている」と、私は聞いているけれども、実際、食っていけるものではないんだよ。ねえ。学問で美学などやったって、実際、食べていけるものではありませんよ。

それには、やはり、誰《だれ》かがパトロン風に庇護《ひご》しなければできないところもあるのでね。

だから、そのように無償化することによって、恩恵《おんけい》を受ける者も出てくるとは思うよ。

財政危機のなかでの教育無償化は政治テーマ

それは、「有用の学」ではなくて、何か、それを超《こ》えた、予想外のものだろうね。そういう、「有用の学」「実用の学」ではないところで、文化的余裕《よゆう》が出てきたならば、うまくすると、ルネッサンス期のようなものに向かっていく可能性がないわけではないね。

ただ、「国の財政が厳しいときに、教育を無償化することが、いいかどうか」ということは、ちょっと別の問題であり、政治テーマだね。

しかし、国全体が経済的に盛り上がっているときにやるのであれば、それは、ある意味でのルネッサンス的なものであり、そういう「無用の学」をやった人たちが活躍《かつやく》できる時代が来る可能性もあるので、教育の無償化を全面否定することが必ずしも正しいとは私は思っていない。

例えば、小説家などを目指す者たちのなかには、月に、ほんの十万円でも資金があれば、創作に専念し続けられるような人は、いくらでもいるのだけれども、やはり、それができなくて、しかたなくアルバイトで働いている人も、大勢いるわけだね。

高校の無償化は、お坊《ぼっ》ちゃん的発想から出ているのかもしれないけれども、善意から出ているものであることは間違《まちが》いないと思うね。

それには功罪の両面があって、たぶん、「功」の部分も少しはあると思うんだが、「財政危機のような状況《じょうきょう》のなかで、やるべきことかどうか」ということについては、政治家としての考えがあるので、私からは何とも申し上げられない。

まあ、私のような人間であれば、無償にしてくれたほうがありがたい（笑）。率直に言えば、そういうところがないわけではない。

5　日本の「新しい教育」に必要なものとは

A――　日本の教育の大きな流れとしては、先ほどの「ゆとり教育」の問題が指《し》摘《てき》されたあと、一部では、「学力向上」という方向への、ゆり戻《もど》しもあったのですが、民主党政権の下《もと》で、また、ゆとり教育的なものが復活しつつあります。

ルソー先生の先ほどのお話では、「その人の本来の力を引き出すことが真意であった」ということでしたが、こういう考え方を取り入れて、「新しい教育」をつくっていくためには、何が必要になるのでしょうか。

今の教育は、平均レベルを上げることには成功している

ルソー　うーん。いや、今の教育は、「全体的に平均レベルを上げる」という意味では成功していると思うよ。だから、「学校や教科書があり、先生が教えてくれて、生まれによらず、平均して学力を上げてくれる」という意味において、公教育は、やはり、近代における成功の流れの一つであると思うな。

私の場合には、もう、食べていけなかったから、実は、賞金狙《ねら》いで懸賞《けんしょう》論文に応募《おうぼ》し、それで食っていたようなものなんだよ。思想家といったって、実は、いろいろなところで出される懸賞論文に投稿《とうこう》し、賞金稼《かせ》ぎをして食べていこうとしていたぐらいだから、非常に厳しいんだね。

こういう人たちは、生業《なりわい》を持っていないので、貴族の家庭教師でもしないと食

っていけないんだ。

だから、いつの時代にも、そういう、独創的な思想を温める人は、生活の面では非常に厳しいよね。それでも、世に出てくる人はいるけれども、自分の生い立ちの悪い影響《えいきょう》が思想に忍《しの》び込《こ》むことは、やはりある。その人の思想のなかに、そのへんがマイナスに出てくることは、どうしてもある。

例えば、一生懸命に勉強し、事業で成功して、大金持ちになった人にとっては、「富を否定する思想を出す」ということは、難しいことではあるんだ。

しかし、一生懸命に学問をして、本を書いたけれども、売れなくて、生活の苦しかった人が、「この世の中は、おかしい」という批判をするのは、やはり、普《ふ》通《つう》のことなんだね。

だから、まあ、教育の無償化《むしょうか》には、無駄《むだ》なところが、そうとうあるとは思うけれども、砂金の部分も、やはり、あることはある。だから、経済力の格差があることによって、その砂金の部分が砂と一緒《いっしょ》に捨てられているのなら、それは、惜《お》しいことであると私は思うんだな。

ただ、単に無償にしなくても、奨学金《しょうがくきん》とか、方法は、いろいろあるのかもしれないがね。

親が偉《えら》いから子供も偉いとは限らず、意外に、いろいろなところに初めて出てくる天才もいるのでね。

そういう人たちは、自力で上がってくる場合もあるけれども、多少、何か助けがあったほうが有利ではある。そうであれば、それほど無理をしなくても済むところはあるよね。

本当の天才が学校教育から生まれない理由

私の思想が教育学において左翼的《さよくてき》に使われているというのであれば、その理由は、結局、「金儲《かねもう》けが下手だ」ということに尽《つ》きると思う。

金儲けの下手な人たちが、みな、教員になっているのでね。教員たちには、事業をやったり、会社に勤めたりしたら、どちらかといえば、〝アウト〟の人が多いわけですよ。教員たちのなかには、会社で使える人もいるけれども、どちらかといえば〝アウト〟の人が多い。

「生涯《しょうがい》、教員をやれる」ということで、生活の安定を求めて逃《に》げ込んでいる人が、八割ぐらいいそうだな。「いったん資格を取れば、辞《や》めなくて済む」と思い、安泰《あんたい》を求めて入っている人たちが多く、「実社会で、勤務評定をされ続けながら稼ぐことはつらい」という人、要するに、競争が嫌《きら》いな人が、教員になっていることがわりに多いんだよね。

「自分は競争が嫌いだけれども、子供たちにだけ競争させる」ということは、やはり、何となく良心の痛みがあるわけだよ。それで、「競争は、塾《じゅく》か予備校にでも行《い》って、やってくれ。趣味《しゅみ》でやりたい人だけが、やってくれ。学校では、やはり、みんなで仲良く平等にやりましょう」ということにしたがる気《け》はあるね。

このように、「教員には、実際、競争が好きな〝種族〟が、それほどなってはいない」というところがあるし、教師は、あまり出世しないのでね。教師は、最初から先生だけれども、最後まで先生であって、立場があまり変わらないし、お金を儲けることもできないんだね。

だから、教師になって大金持ちになるなんてことは、めったにあることではない。ベストセラーの参考書でも書かないかぎり、ありえない。教育評論家に転じたら儲かることもあるけれども、それは、ごく一部だよね。

教師には、一般的《いっぱんてき》に、そういう才能はないけれども、学校の勉強のようなものをこなせるぐらいの才能の人が集まる傾向《けいこう》があるので、そういう人に教えられた子供たちが平均化していくのは、ある意味で、しかたがないことだ。平凡化《へいぼんか》だな。子供たちが平凡化していくのは、しかたがない。

実際に、天才は、本当は学校教育からは生まれない。学校教育は、少なくとも、ちょっとしたベースをつくるぐらいにはなるかもしれないけれども、本当の天才は、学校なんかにはついていけなくて、たいていは、ドロップアウトし、自分で独自の道を拓《ひら》くものだ。それが普通だな。

その学校の体系のなかに収まるようでは、本当は天才ではないと思うよ。だから、「有名進学校から有名大学に行って、成績がずっと良かった」というような人は、一流会社や官庁に入ったり、学者になったりすれば、そのまま出世コースに乗るけれども、一人で放り出されたら、たいてい、何もできないタイプの人になることが多いな。

そういう意味では、「天才には試練が与《あた》えられる」というか、「天才には天才なりの試練がある」ということだな。

私の場合、「資金的試練と社会的批判の試練と、この両方があった」ということかな。

ルソーが今の日本に生まれたら、「引きこもり」になる?

私の教育論が、「高く評価されたけれども、今、悪い影響を与えている」というのなら、申し訳ないなあ。

ただ、私のようなタイプの人間は、いつの時代にもいて、そういう人は、いわば奇人《きじん》・変人なんだ。君たちの言葉で言えば、奇人・変人だよ。

やはり、奇人・変人から独創的思想が出てくるんだ。一見、その時代において役に立たない思想のなかから、独創的思想が出てくることが多いわけだね。

あまり自己を合理化する気《き》はないけれども、「そういう者も、一部、要《い》る」ということは認めてほしいなあ。

だから、私自身が、今の、競争の激しい学校教育のなかに入れられたとして、例えば、「アメリカに行き、ハーバードを優秀《ゆうしゅう》な成績で出て、就職する」ということがあるかといえば、たぶん、ないと思われる。やはり、どこかでドロップアウトし、独自に何かをし始めるようなタイプではないかと思っている。

私が日本に生まれたら、どうなるか。うーん。どうだろうねえ。

家の豊かさにもよるとは思うな。家が豊かで、大学まで行かせてくれる場合もあるし、家庭教師をつけてくれたり、塾に行かせてくれたりするような場合もありるかもしれないが、でも、おそらくは、自分の好きなものを読みふけったりする方向に入っていき、曲がり込んでいくと思われる。

だから、私は、タイプ的に見れば、高校あたりで、自宅に引きこもり、本ばかり読んで、小説家を目指したりするような人間になりやすいタイプだな。

たまたま大学に入ったとしたら、卒業できないタイプだ。例えば、早稲田《わせだ》の文学部あたりの学生で、小説家を目指し、卒業しないでいるうちに、いつの間にか除籍《じょせき》されているようなタイプの人間かな。そのようになるだろうね。

だから、私は、たぶん、通常の意味での学歴エリートにはならないので、「そういう人の思想を基にして教育論をつくったら、やはり、そのようになりますよ」ということだね。はい。

A――　ありがとうございます。そうした、才能ある人を支える意味でも、今後は、平等の観点も大切にしていきたいと思います。

ルソー　あなたがたは、どちらかといったら、自助努力を重視する立場だし、多少、強者の論理も持っているし、それから、富も肯定《こうてい》していると思うけれども、ちょっと、おすそ分けをしてやったらどうだね。かわいそうじゃないか。〝ルソー〟だって、どこかに眠《ねむ》っているかもしれないのだから、たまには、そういう、おこぼれをまいてやらなくてはいけないよ。な？

A――　分かりました。それでは、私からの質問は、以上とさせていただきます。

ルソー　ああ、そうか。

A――　質問者を替《か》わらせていただきます。

ルソー　はい。

6 「一般意志《いっぱんいし》」という言葉の真意

B――　ルソー先生、本日は、ご降臨を賜《たまわ》り、まことにありがとうございます。

ルソー　うん。

B――　教育論からは少し逸《そ》れるかと思うのですが、ルソー先生の政治思想のなかで、特に、フランス革命の思想的原動力となった「一般意志《いっぱんいし》」という言葉について、質問させていただきたいと思います。

ルソー　ああ。はい、はい。

B――　私は、ルソー先生の、この言葉に、非常に天才的なものを感じていて、たいへん感銘《かんめい》を受けている者の一人でございます。

ただ、一方で……。

ルソー　あなた、口がうまいね（会場笑）。立候補するんじゃないか。

B――　（笑）一方で、先日、「日本の戦後の政治思想を席巻した」と言われる丸山眞男《まるやままさお》という元東大教授の霊《れい》が、この場で霊言をされ、ルソー先生の「一般意志」という言葉を引用しながらも、ルソー先生のお考えとはまったく違《ちが》った話をしていました（『日米安保クライシス』〔幸福の科学出版刊〕第1章「丸山眞男の霊言」参照）。

ルソー　うーん。

Ｂ――　丸山氏の霊は、「民主主義においては、要するに、国民が神である。ルソー的に言えば、国民の一般意志が神だから、世論《せろん》が神ということになる。だから、それに帰依《きえ》すればよい」と言っていたのです。

しかし、私がルソー先生の『社会契約論《けいやくろん》』を読むかぎりでは、一切《いっさい》、そういった記述はなく、「神々のような人民であれば、直接民主政は成り立つけれども、これほど完璧《かんぺき》な政体は人間にはふさわしくない」という趣旨《しゅし》のことを述べておられたと思います。

したがって、ルソー先生ご自身は、「個別意志」や、その総和である「全体意志」と、「一般意志」とを峻別《しゅんべつ》されていたと思うのです。

ルソー　うん、うん。

B――　この「一般意志」について、その真意や、何か言い足りなかった点などを、お教えいただければと存じます。

一般意志は、神の意志が確認できないときのもの

ルソー　民主主義の理想というのは、基本的には、古代ギリシャのポリス（都市国家）における政治集会から来ているわけだけれども、都市自体が小さかったのでね。もともとギリシャの民主政は、今の町長選挙のようなものであったんだよ。

だから、「直接選挙を行えば、町民の意志が分かる」というレベルの自治だったのだが、近代国家というものは、大きくなりすぎて、それが分からなくなってきたんだね。

ホッブスも『リヴァイアサン』のなかで指摘《してき》しているけれども、もう、国家自体が、どうにもならないほど巨大化《きょだいか》して怪物《かいぶつ》になってしまい、人々の意志を離《はな》れて動き始めている。それが近代だよね。

ギリシャの民主政は、町長さんの選挙のようなもので、顔を知っている者同士が話し合い、多数決で決めて、だいたい合意できるようなレベルのものであったわけだけれども、今は、国家が大きくなり、また、仕事が専門化して難しくなってきたから、それぞれの問題について素人《しろうと》が多いよね。そういうことが変わってきている。

それで、その「一般意志」についてだけれども、あなたは、いいところに目を付けたと思うね。

結局、古代においては、「神が預言者を送り、神の言葉を預言者に伝える」という現象が、連綿として続いていたんだよ。

だから、昔は、そういうことに事欠かなかったところがある。

ところが、イスラム教徒は「ムハンマド（マホメット）が最後の預言者」と言っているように、イスラム教では、「ムハンマド以降、預言者は出ていない」とされている。キリスト教でも、キリスト以降は、やはり、キリストを超《こ》えるような人は出ていないよね。仏教では、釈迦《しゃか》以来、釈迦ほどの人は出ていない。

このくらいの出方しかなければ、神の意志を確認することはできないよね。

神の意志を確認できないならば、どうするか。それは、「国民が全員で社会契約を結び、そして、合意された意志が、『一般意志』として、神に代わるものとなり、それに全員で従うのがよかろう」ということだね。

この一般意志が、現代では、憲法になったり、法律になったりして、姿を変えてきている。

このように仮定するわけだね。

ところが、現代の政党政治においては、例えば、政権が、自民党になったり、民主党になったりして、ぶれが生じる。民主党政権になれば、民主党は自分たちに有利な法案をつくるよね。そのようになる。

では、その法案自体は国民全体の意志によってつくられたかというと、必ずしも、そうとは言えない。選挙に勝って選ばれても、法案をつくる段階では、国民の意志と一致《いっち》するかどうかは分からない。そういうところがあるね。

さらに、今は、新聞やテレビ等の調査による支持率が、この一般意志に替《か》わってきつつあるんだろう？　テレビ番組に視聴率《しちょうりつ》があるように、政治においては、政党支持率などがあるんだろう？

だから、「〝神〟を次々と創作している」ということかな。

要するに、生前、私が言った「一般意志」ということの意味は、「本当は、預言者的に神の言葉を聴けるなら、それでよろしいのだけれども、それは、実際上、できなくなっているし、また、仕事の領域も専門分化し、専門家以外の人には分からなくなっているので、『この世的なことについては、この世的な人たちの議論によって意志を形成していき、それに従う』ということでいいのではないか」という考えだったわけだ。

神を否定する考え方として捉《とら》えるのは間違《まちが》い

ただ、一般意志という考え方自体が、要するに、ある意味では、無神論として使えるんだな。それは、「もう神がいなくてもいい。神がいなくても、人間が合意して決めたことでやっていける」というような考え方かな。

しかし、これには、考え違いをしてはいけないところがあるんだよ。

例えば、大学で言うと、「大学の自治」や「学問の自由」というものがある。

そこで、「大学は、学生の投票による多数決で運営したらいいのだ」と仮定しようか。そのように仮定して、「学長も学部長も要《い》らない。教授陣《きょうじゅじん》も、学生が決めたとおりにやればいいのだ」と考えることが正しいかといえば、やはり、そうとは言えないな。

何十年かの教育経験を積み、学内で選ばれてきた学部長なり学長なりの指導の下《もと》で、教授陣が学生を教育している。学生は、毎年、新たに入ってくるので、経験が浅い。こういうことだから、学生の自治によって、教育の内容まで決められるわけではない。

政治も、そのような関係に、ちょっと似ていてね。〝学生〟の意向も聞かなくてはいけないところはあるけれども、そうは言っても、〝教育者〟としてプロでやっている人たちの意向を尊重しなければ、やはり、〝大学〟は成り立たないでしょう。

だから、この考え方で言えば、「一般意志というものが形成されればいいのだ。それで、神や天使たちを否定すればいい」という論理にはならないと私は思うけれども、うまいこと、そちらのほうにもっていった人たちがいるわけだね。

それに、「一般意志が、多数の合意によって、生き物のように、神の似姿のように表れてくる」という考え方であれば、人々が、ファナティックというか、熱《ねっ》狂的《きょうてき》になることがある。

例えば、革命のときに、「こいつを殺せ！」と誰《だれ》かが叫《さけ》び始めたら、大勢の人々が、いっせいに伝染病に罹《かか》ったようになって、冷静な心を失ってしまい、「ギロチンにかけろ！」と言うようになり、実際に、そうしてしまうことになる。

しかし、それは、本当に、冷静な、第三者の目で見て、やれているかといったら、やはり、分からないところがある。

間違《まちが》った一般意志に対しては、警告をするのが宗教家の使命

人間というのは感情の動物で、けっこうグワーッと行動に走ってしまうところがあるんだね。

だから、それが間違《まちが》っているときに食い止めるのが、本当は、哲学者《てつがくしゃ》や預言者、宗教家の使命だろうと私は思うんだよ。だから、警告をする、警世《けいせい》の宗教家のようなものは必要だと思う。

一般意志が間違っているときに、やはり出てきて仕事をしなくてはいけないのが、そういう、救世の預言者、あるいは救世主だと思うね。神は、それをやって

おられると思う。

もちろん、この世的な学問や職業の領域全体については、それぞれの人たちの自主的な研究や努力、実績等に委《ゆだ》ねられているところは、かなりあると思う。

ただ、神は、「全体が間違っている」と思うときには、そうした方を必ず送って、何かをなさっているはずだ。

あるいは、「最後まで行かなければ、これは分かるまい」と思ったときには、それが自壊《じかい》作用を起こして失敗するまでやらせ、その一般意志が崩壊《ほうかい》するところを見せて、国家の再建に導く場合もある。そういうことがあるね。

先ほどヒトラーの名前が出ていたけれども、ヒトラーは、ドイツの民主主義のなかで、〝投票箱〟から生まれた独裁者だからね。多数が支持して選ばれた権力者だから、人々の意志によってつくられた、その当時の、二十世紀前半の〝神〟であったわけだけれども、その神が、実は悪魔《あくま》に変身していったわけだ。それは権力の持つ魔性《ましょう》のせいかな。そういうものがあるな。

だから、「神を否定する無神論者、要するに、この世のもの以外の、見えないもの、感じないものに対して、尊崇《そんすう》の念を持っていない人たちが、一般意志の考え方を上手に利用した」というところはある。「学問をやったことによって、『自分は賢《かしこ》くなった』と思い、神、仏、高級霊等を見下すというか、自分にも同じぐらいの力があるような気になった人が大勢出た」ということだ。

ある意味では、近代の学問の進化は、〝神近き人〟をたくさんつくることには成功したわけだね。学問をやって高等な知識を持った人を、たくさん生むようになった。

だから、私たちのような、十八世紀ぐらいの人に比べれば、現代の一般的な知識人は、遙《はる》かに優《すぐ》れた知識を持っているよね。われわれの時代から見れば、神のごとき人たちだね。そういう人を大量につくることができた。

そのため、相対的に〝神の値打ち〟が下がってしまったところがあるし、「人間が、うぬぼれてきている」という面はあるね。

こういうときに、神は、どうするかというと、災《わざわ》いを起こすんだな。西洋の歴史では、そうだね？　「災いを起こして、人間の慢心《まんしん》を打ち砕《くだ》く」というのが、いつものパターンだよね。

人々が謙虚《けんきょ》さを忘れたら、必ず、人知を超えたことが起きて、反省を促《うなが》し、「何か間違えたのかもしれない」という気持ちにさせることがある。

だから、「自治に任せていいレベルのことと、それを超えたレベルのことが、やはりある」ということだな。

先ほど言ったように、大学には、学生の自治に任せていいレベルのことと、それでは済まないことがある。

学問研究の内容について、学生は、意見を言ってもいいかもしれないけれども、基本的に、それは研究者のほうで決めなくてはいけないものだ。

また、生協の商品の値段や食堂の食べ物の値段を、全部、学生の投票で決められるかといったら、やはり、無理なところがある。それには、経営をする目でもって、原価と利益を計算し、決めなくてはいけないところがあるだろうね。

まあ、そういうことであって、一般意志といっても、やはり、オールマイティーではないと考えていいね。

B――　はい。今日は本当にありがとうございました。ルソー先生の真意が分かって、本当に、うれしく思います。

ルソー　うん。あなた、ずいぶん、いい人だね（会場笑）。何か、もったいないよね。うん、うん。

B――　それでは、以上とさせていただきます。

ルソー　そうですか。はい。

第2章

宗教と学問の関係について

二〇一〇年五月二十七日　カントの霊示

イマニエル・カント（一七二四〜一八〇四）
ドイツの哲学者《てつがくしゃ》。観念論哲学の祖。『純粋《じゅんすい》理性批判』『実践《じっせん》理性批判』『判断力批判』の三批判書を世に問い、人間存在の徹底《てってい》分析《ぶんせき》と、独自の世界観の構築をなした。過去世《かこぜ》は、旧約の預言者ダニエル。

［質問者二名は、それぞれC・Dと表記］

1　カントが宗教を学問の対象としなかった理由

大川隆法　それでは、カントに行きたいと思います。
カントよ、カントよ、ご降臨たまいて、われらを指導したまえ。
カントよ、カントよ。

（約十秒間の沈黙《ちんもく》）

カント　カントです。

C――　カント先生、本日は、ご降臨、本当にありがとうございます。私は、二〇一〇年四月に開校いたしました、「幸福の科学学園」の〇〇と申します。私は、学生時代に、カント先生の本を読みまして……。

カント　うんうん。

C――　当時、たいへん感銘《かんめい》を受けたことを……。

カント　嘘《うそ》つきだよ。君、嘘をついてはいけないよ。感銘を受けるはずがない。私の本を読んで、感銘を受ける人なんか、世の中にはいないんだ（会場笑）。
みな、「分からない」と言う。「感銘を受けた」というのは初めて聞いた。君、言葉はよく選ぼう。

C――　はい。

カント「感銘は受けなかったけれども、難しい本だということが分かった」ということだろう？

C――　ええ、そういった、何か、知的な喜びを感じたのは覚えております。

カント　ああ、「知的な喜びを感じた」は、よろしい。それは、よろしい。そのへんなら、よろしい。

C――　あと、カント先生は、「教育学の祖」とも言われております。

カント　それは初耳だなあ。そんなことはないよ。「教育学の祖」というのは、言い過ぎだな。教育は、昔からあるからね。

C――　実は、幸福の科学学園におきましては、「宗教教育」をモットーに掲《かか》げております。

しかし、現代では、カント先生の、「あの世を学問の対象としない」という思想をかなり曲解して、「あの世は存在しないのだ」「宗教は表に出てはいけないのだ」などと考える風潮が強くなっております。

過日、元東大教授の丸山眞男《まるやままさお》氏の霊《れい》をお呼びしたときにも、「宗教は近代化や啓蒙《けいもう》の足かせになった」と言っておりまして、「自分は不可知論者《ふかちろんしゃ》である」と主張しておりました。

日本の学校の頂点に位置する東京大学が、唯物論《ゆいぶつろん》、無神論に染まっているわけです。さらには、「日教組《にっきょうそ》」という団体が、唯物論教育、無神論教育の〝根っこ〟になっているため、日本に宗教教育がなかなか根付かない現状となっております。

そこで、カント先生が宗教と学問を分けられた本意について、あるいは、現代教育学の間違《まちが》いについて、教えていただければと思います。

宗教への強い関心を律する目的で、宗教と学問の線引きをした

カント　私は、本当は、宗教が大好きなんだよ。大好きなんだが、宗教にはまると勉強する暇《ひま》がなくなるので、「宗教から、なんとか離《はな》れなければいけない」と思って、自分を律する意味で、学問と宗教の線引きをしたんだ。

私は、宗教とか心霊現象とかに非常に深い関心があった。これは面白《おもしろ》いので、

はまったら抜《ぬ》けられないんだよ。

今でも、そういう〝心霊もの〟にはまった人は、現実には、正当な学問は、なかなかできないだろう。面白いから、どんどんどんどん行《い》ってしまうよね。

今は、心霊番組があったり、心霊雑誌がいっぱい出たりしているんだろう？　そういうものを大学に持ってきて、一生懸命《いっしょうけんめい》、読みふけっている人たちに、例えば、法律学で実定法《じっていほう》の勉強をさせるのは、なかなか大変なことだ。そうした心霊ものは、彼らにとっては、コウスティングというか、気晴らしの面が多いのでね。

要するに、軟派系《なんぱけい》の学問に入りすぎると、「難しい学問に耐《た》えて、コツコツ勉強する」ということが困難になってくることがあるんだよ。だから、「その誘惑《ゆうわく》を退《しりぞ》けなければいけない」ということだ。

私は、「宗教は悪いものである」と思ってはいなかった。どちらかというと、宗教は、肥満を呼ぶアイスクリームやデザートのたぐいのように見えたかな。だから、「摂《と》りすぎると糖尿病《とうにょうびょう》になるよ」というところかな。

それよりは、「まず、体に必要な養分をきちんと摂って、正常な活動をしなければいけない。ケーキばかり食べていてはいけないよ」というところだ。

幸福実現党の党首が、「自分はケーキが好きだ」と何かに書いているのを、私は読みましたけれども、食べ過ぎると糖尿病になるから、気をつけないといけないよ（会場笑）。やはり、「科学的に生きなければいけない」と思う。

そういう合理的・科学的精神も持っていないといけない。「パンやお米を主食にするのは、よろしい。ケーキを主食にするのは、よろしくない」ということだな。

宗教というのは面白い。怪異《かいい》現象、心霊現象は面白いし、超能力《ちょうのうりょく》も、とても面白い。

しかし、「やはり、それは〝ケーキ〟だ」と私は思う。まあ、ケーキの研究家がいてもいいし、ケーキそのものを否定するつもりはないけれども、ケーキは主食とは違う。みんなが、ケーキばかり食べていたのではいけない。

マリー・アントワネットではないけれども、人民は、「パンがない」と言っているのに、「なぜ、ケーキを食べないの?」と言うような、そういう世界になってしまってはいけないと思う。

学問を完成させるためには「禁欲」が必要

学問というのは、けっこう、時間がかかるし、労力もかかる。年数をかけて蓄積《ちくせき》をすることが必要な、地味なものなんだ。何十年もの間、毎日毎日、コツコツと勉強しないと、完成しないものであるので、その意味で、堅実《けんじつ》さが必要である。

ところが、オカルト系のものは、興味本位の方向に人を扇動《せんどう》する傾向《けいこう》が非常に強いんだ。

そこで、「正統な学問を積み上げていく気持ちがある人は、禁欲をしなければいけない」ということを述べたのであって、オカルトを否定しているわけではないんだね。

私の時代には、スウェーデンボルグなどの神秘現象が流行《はや》っていたけれども、そういうものは、今で言うと、何に当たるだろうかね。

今で言うと、マンガとか、インターネットとか、携帯《けいたい》電話とか、こういうものに当たるのではないだろうか。当時の宗教の位置づけは、こういうものに当たると思う。

インターネット、マンガ、アニメ、携帯電話など、現代で流行っているものは、みな、確かに面白いし、使いでもあるだろうと思うけれども、ある意味で、非常に時間を奪《うば》うものであることは間違いない。間違いなく、時間を奪っていくものであるわけだ。

インターネットで、「ネットサーフィン」とか言って、情報を取るのは面白いかもしれないけれども、ある意味では、ものすごく膨大《ぼうだい》な時間を無駄《むだ》にしている。

そのように、インターネットでネットサーフィンをして、情報を集めるようなことをしていたら、カント哲学《てつがく》など、絶対、読めないんだよ。読めるわけがない。

そういうことをしている人が、この退屈《たいくつ》なカント哲学を読めるわけがないよ。

カント哲学の場合、「気がつけば、一時間たっていて、二ページしか読んでいない」ということがあるわけだね。ほとんどの人は、読もうとしても寝《ね》てしまいますよ。

君みたいに感銘を受けるような人は、もう異人種というか、宇宙人であって（会場笑）、地球人類が、カント哲学を読んで感動を覚えたり、インターネットやアニメ、マンガ、テレビのような面白みを感じることは、まずありえないことなんだよ。

カント哲学は、数十年にわたって思索《しさく》に思索を重ねた偏屈《へんくつ》老人のつくり上げた、結晶《けっしょう》のような思想なので、これを読むためには、それだけの退屈な時間に耐えられるだけの思想的な力、あるいは根性が必要だね。そうでなければ、とてもではないけれども、読み切れるものではないんだよ。簡単に読めるものではないんだ。

だから、カント哲学のようなものに食《く》らいついて、それを消化しようと思ったら、断念が必要だね。世俗内《せぞくない》における断念、世俗的な事柄《ことがら》についての断念をしないと、無理だということだ。

「ほかのものは役に立たない」とか、「要《い》らない」とか言っているわけではない。「私の学問への追究の情熱というのは、そういう純粋化《じゅんすいか》された、高次なものであったために、無駄なものを排除《はいじょ》し、それだけの時間をたっぷりとかけなければ、カント哲学を研究、あるいは熟読玩味《じゅくどくがんみ》することは難しい」ということを言いたいわけだね。

今、便利なものは、たくさんあるけれども、気をつけないと、時間が無限に奪われていくので、やはり、本当に大事なものに絞《しぼ》り込《こ》んで、じっくりと学んでいく姿勢が大事だね。

カント学者で、カント哲学《てつがく》を分かった人は一人もいない

君みたいに、若いうちにカント哲学《てつがく》を読んで感銘を受けてくれる人がたくさん出てくるのであれば、私もうれしいけれども、そうであれば、私には、流行作家並みの収入が、たぶん、入ったはずだと思う。

しかし、入らなかったところを見ると、「読んで分かる人は、ほとんどいなかった」ということだな。

いい本ほど読んでくれないんだよ。その代わり、いい本は、長く読んでいるうちに、いつの間にか、なんとなく栄養分になってくる。そういうことが多いね。

このように、私の思想は分からないので、「それを、二次使用、三次使用して、薄《うす》めて使う。〝希釈《きしゃく》〟して使う」というかたちで、二次マーケット、三次マーケットができ、ほかの人たちが、それで飯が食えるわけだ。

要するに、「カントの思想は誰《だれ》にも分からないので、それを解説することで、ご飯を食べられる人が出てくる。さらに、その解説した本を授業で使って教えることで、また、ご飯を食べられる人が出てくる」というようなかたちで、ほかの人の雇用《こよう》をたくさん生んだわけだね。

だから、私は、「私の思想を分かる人がいる」とは思っていませんよ。一人もいないでしょう。「分かった」というのは、みな、「嘘だ」と思ってるよ。うん。

ハハハハハハ、分かってたまるか（会場笑）。ハハハハ、ハッハッハッハッ。

「私の思想が分かるか、分からないか」というのは、嘘つきかどうかの〝リトマス試験紙〟なんだ（会場笑）。「分かった」という人は、みな嘘つきだね。カント学者で、私の思想を分かった人など、一人もいないよ。うん。

2　学問が宗教から切り離《はな》された歴史的背景

C——　カント先生の真意を、今、教えていただきましたけれども……。

カント　ああ、分かった？　ああ、そう。分かったか。

C——　はい。ただ、カント先生の時代には、世間から宗教が認められており、人々がきちんと信仰心《しんこうしん》を持っていた時代だったと思いますが、現代の日本では、唯物論《ゆいぶつろん》・無神論が蔓延《まんえん》しており、本当に大事な宗教というものが、ほとんど教えられていないため、教育界もかなり荒廃《こうはい》してきております。

カント　うん。

C――　ですから、現代においては、宗教を、〝アイスクリーム〟と同じようなレベルで扱《あつか》うのは十分ではなく、学校教育においても、きちんと宗教を教えていく必要があると思うのです。

カント　うーん。

C――　また、大川隆法総裁からは、「学問とは未知なるものの探究である」というようにも教えていただいております。

その意味では、宗教を、学問の対象としていくべきではないかと考えますが、このあたりについては、どのようにお考えでしょうか。

私は、霊能者《れいのうしゃ》のスウェーデンボルグを認めていた

カント　うーん。幸福の科学は、どちらかと言うと、実学が強いところではあるので、その実学の流れから見ると、「カント哲学的《てつがくてき》なものは、古本屋を食べさせていくのが限度であって、それ以外の人たちを食べさせていくには、ちょっと力が足りない」と見えるだろう。

しかし、私の目から見れば、現代小説のような、よく売れる本は、ほとんどの場合、一文《いちもん》の価値もない。読む価値は全然ない。買う価値もない。置いておく価値さえない。「そういう本には、一秒も割《さ》きたくない」というぐらいの気持ちがある。

それで、宗教について言うと、私の時代には、スウェーデンボルグという人がいたけれども、彼が偉大《いだい》な霊能者《れいのうしゃ》であったことは知っていた。そして、彼に超能《ちょうのう》力《りょく》があるのは事実らしいということも分かってはいた。

しかし、いやあ、それはね、「私のほうが偉《えら》い」とは思っていなかったよ。私は、「向こうのほうが偉いのではないか」と思っていた。

だって、スウェーデンボルグは、何百キロも離《はな》れた所の火事を透視《とうし》できたり、生きたまま、あの世に行って、霊界探訪して帰ってきたんだろう？　だから、私の関心は、「この人は、イエス・キリスト以上の人かどうか」ということだったんだ。そういう気持ちで、ずっと、観察というか、情報を取って分《ぶん》析《せき》はしていたよ。

彼は、「スウェーデンボルグ派」という一つの宗派をつくったようだけれども、今のところ、イエスを超えるほどの評価は出ていないのかな。

いやあ、でも、その神秘的なものは、やはり、「すごいな」とは思いますよ。

だから、私は、キリスト教を否定しているわけではないんだ。

カント哲学《てつがく》を補うため、同時代に神秘思想の動きが起きていた

ただ、なんて言うかな、私自身の経験不足が、多少、影響《えいきょう》しているのかもしれません。独身で、一生、ケーニヒスベルクから出たこともない、書斎《しょさい》の虫のような人間であったために、若干、実社会の見聞が足りなかったかもしれないね。

そのために、思想の広がりが、多少、欠けているかもしれない。

ま、でも、あなたがたも、そう思わないか。例えば、近代的な結婚《けっこん》式場などで、「今日は大安だから、式を挙げる」とか、「今日は仏滅《ぶつめつ》だから、駄目《だめ》だ」とか言っているのを見たら、私と同じく、宗教を信じているあなたがたであっても、やは

り、「なんだか、ばかばかしい」と思うところはあるだろう？

こんなものが残っていたのでは、近代化の足かせになるし、経営の足かせになってしまうね。全部、大安にしてしまったほうがいい。そうすれば、いつでも結婚式をできるけれども、そうではないので、日を選ぶのがすごく難しい。

まあ、私の時代には、そういうレベルの宗教が、やはり、現実には多かったと思う。

ただ、私より少し前の時代には、ヤコブ・ベーメという人も出てきていた。彼は、無学な靴屋《くつや》さんだったが、そういう人の口から、すごく高等な神秘思想が流れ出し、哲学《てつがく》が構築されている。

このように、神秘思想による哲学も構築されているので、おそらく、カント哲学に欠けている部分を補うような動きが、同時期に起きていたのではないかと思われる。

スウェーデンボルグもそうだし、ヤコブ・ベーメもそうだが、やはり、神秘思想がきちんと出ている。

また、宗教においても、クエーカーが起きている。クエーカーのもとになったのは、フォックスだったかな？　誰《だれ》だったかな？　そうした、全身が震《ふる》えて異言《いげん》を語ったりするようなキリスト教の一派も出てきているので、心霊現象を起こすような動きが、同時に、きちんと起きてはいるわけだ。

カント哲学を本当に学べば、私が神を認めていたことは分かる

私は私で、一ジャンルを護《まも》ったつもりでいるけれども、カント哲学の信奉者《しんぽうしゃ》がこれほど増えてメジャー化するとは、ちょっと予想していなかった。難しいものは、普通《ふつう》、広がらないからね。

「広がらないのが普通なはずの、難しいものが広がった」というのは、異常なことだ。

だから、「いい格好しい」というか、「いいふりこき」というか、日本語で何と言うんだね？

カント哲学は、普通の人が読んでも、まず分からないので、分かったような振《ふ》りができる人は「偉い人」のように見えるわけだ。つまり、「人から偉く見られたい」という誘惑《ゆうわく》にかられて、分からないのに分かった振りをした人が、後世、たくさん出てきたんだよ。

分かった振りをすると、「あの人はカントが分かるんだ。偉い人だ」ということで、尊敬を受ける。それで、「カント哲学をやった」と言う人が、たくさん出てきたということだな。

本当にカント哲学をやっていたら、私が、神をきちんと認めていることも分かるはずだ。

それから、私は堅物《かたぶつ》のようにも見えるけれども、けっこう、座談の名手であって、いろいろな人と愉快《ゆかい》な社交もしていた。だから、私の哲学は一般的《いっぱんてき》には難しいんだけれども、急に易しくなる部分も、ないわけでもないんだな。『実践《じっせん》理性批判』を読めば分かるけれども、多少、座談のレベルのものも入ってはいるんだ。ただ、基本的には、先ほどのルソーと同じような限界はあったかなとは思うよ。

ルソーは、神の心そのものを直接につかむことができなかったために、「一般意志」を仮定した。それと同じように、私も、神の意志を直接に忖度《そんたく》することができなかったので、神の意志を「理性」として仮定し、捉《とら》えようとしたところはある。

私は、本来、預言者的資質を持っていなければいけない人間であったにもかかわらず、カントとして生まれた当時は、そういう資質があまりなかった。そのことが、やはり災《わざわ》いしたかな。自分自身に預言者的資質があったならば、少しは事情が違《ちが》っていたかもしれない。

霊肉二元論《れいにくにげんろん》の流れは、デカルトの時代から始まっていた

でも、もし、私に預言者的資質があったとしても、やはり駄目だったかもしれない。私より前のデカルトかな。カントの責任というより、カントの前にデカルトがいるのでね。

宗教を学問から分離・排除《はいじょ》する思想は、カントというより、そのもとを辿《たど》れば、デカルトだと思うんですよ。デカルトの『方法序説』で、それらを分ける考えが出たんだ。霊肉二分論を出したのは、デカルトだよ。

しかし、デカルトそのものは、実は、霊能者だったんだ。彼は霊能者で、異常な霊夢《れいむ》をたくさん見たり、霊的なものが、そうとう、見えたり感じられたり聞こえたりした人のようなんだね。

そういう人が書いた思想でさえ、唯物論のほうに持っていかれた流れがあるわけだ。

結局、人間には、自分が分からないものについては受け付けない傾向《けいこう》がある。凡人《ぼんじん》は、分かったところだけを、いいとこどりして理解しようとするんだ。

デカルトが、実際は、霊体験者であり、視霊者《しれいしゃ》の一人であったにもかかわらず、後世の人々は、デカルトの霊肉二元論《れいにくにげんろん》を都合のいいように使い、自分たちに分からない霊の部分を排除してしまった。そういう面は、やはり、あったと思う。

神秘体験をしたデカルトであっても、そのように狭《せま》く理解されて、「近代哲学の祖」と言われているわけだ。

あるいは、ニュートンは、フリーメイソンの一派の総長だったのでしょう？　秘密結社の教祖のような人が、物理学の祖なんでしょう？

しかし、物理学の後輩《こうはい》たちとしては、ニュートンの神秘主義思想やオカルト好きは恥《は》ずかしいことなので、彼がフリーメイソンだったことを、一生懸命《いっしょうけんめい》、隠《かく》して、物理学における業績や近代的な側面だけを残そうとする。

このように、あらゆる分野で、こうした流れがあるんだ。これが、カントのせいなのかどうか。それについては、私は、何とも言いがたい。

当時は、学問の自由を得るために、宗教を切り離《はな》す必要があった

当時は、今、あなたがたが思っている以上に、宗教による足かせというか、桎《しっ》梏《こく》があったんだよ。

そのもとは、やはり中世だと思う。中世の宗教戦争はすごかったからね。三十年戦争など、たくさんの戦争があった。それと、魔女《まじょ》裁判や火あぶりなど、こうした非近代的なものに、人々は、もう辟易《へきえき》してしていたんだね。

だから、そういうものから、何とか脱却《だっきゃく》したかったんだ。

例えば、ガリレオやコペルニクス等を見ても、宗教が学問の足かせだったことは分かるよね。理系の学問としては、ガリレオやコペルニクスが考えたことのほうが正しいにもかかわらず、教会がそれを許さなかった。教会に逆らうと、殺されてしまうこともあった。

今、あなたがたは、「全体主義との戦い」とか、「独裁者との戦い」とかいうことを政治的に言っているけれども、中世においては、教会がそういう役割を持っていた面もけっこうあったわけだ。つまり、当時は、「宗教から離《はな》れないと、学問の自由は得られなかった」ということだな。

「宗教を切り離したことは罪である」と言われれば、それまでだけれども、「宗教を切り離すことによって、学問の自由を得ようとした面が大きい」ということだよ。

私は、神への露骨《ろこつ》な批判など、どこにも書いていない。むしろ、私の本のなかには、信仰告白に近いことを述べた部分が、あちこちに散見されるはずだ。

要するに、「宗教と距離《きょり》を取らないと、やはり、学問的な研究は十分にできない」ということを言いたかったわけだね。

ところが、後世、「カント哲学の本質は、フランス革命において、国王の首をギロチン台ではねたように、神の首をギロチン台で切り落としたことにある」というように捉えている向きはかなりある。

要するに、「人間が神になってしまったのが、カント哲学である」というように捉えられているし、私のあとから来たヘーゲルの思想も、「人間自身が神になったような人の哲学である」と言われてはいる。まあ、これには、功罪両面があるな。

しかし、「中世からの離脱」ということが必要であったことは事実であるので、当時、学問から宗教を切り離さなければ、やはり現代はなかっただろう。この点は認めていただきたい。

それから、唯物論的なもののなかにも、研究の余地がかなりあったことは事実だ。この世で生きていく以上、例えば、医学や栄養学、食物等について、確かに、唯物論的な研究は必要であったろうし、経済を発達させるうえでも、そういうものが必要であったと思うね。

「お金持ちになるかならないかは、神の恩寵《おんちょう》による」というようなことを言っていたのでは、どうしようもない。やはり、「適正な経営や経済行為《こうい》によって、お金持ちになれる」ということを知ることで、人間が解放された面もあるわけだ。

だから、〝神に対する戦い〟と言えば、〝神に対する戦い〟であったのかもしれないね。

現代においても、「神対人間の戦い」というテーマは、小説や映画などで、さまざまに展開されていると思う。

本当は神を目指しているのだけれども、その間《あいだ》に、近親憎悪《ぞうお》が起きて〝神に対する戦い〟が起きることがあったということかな。

まあ、君たち宗教は、今、不利な立場にあるかもしれないけれども、考え方はいろいろあるじゃないか。

「宗教を信じていない人が多い」ということは、「新しい顧客《こきゃく》をたくさん確保できる」ということだから、今は、新しい時代の宗教の信者をつくれる時代でもあるわけだな。

Ｃ――　ありがとうございました。

幸福の科学は極《きわ》めて自由で寛容《かんよう》な宗教ですので、中世のようなことはないと考えております。

また、今後は、「あの世とこの世」を両立させた教育によって、教育改革をしてまいりたいと思います。

カント　うん。

Ｃ――　それでは、質問者を替《か》わらせていただきます。

カント　はい。

3　カント哲学《てつがく》の本質

D――　カント先生、本日は、ご降臨を賜《たまわ》り、ありがとうございます。

カント　うん。

D――　私は、幸福の科学の「エンゼルプランV」（未就学児童を対象とした信《しん》仰《こう》教育機関）の○○と申します。よろしくお願いいたします。

カント　カント哲《てつ》学《がく》を用いて、やっているんですね？

D――　は、はい……。

私《わたくし》は、学生時代に哲学を志しまして、カント哲学を学びました。

カント　やってはいたけど、その裏では、天井《てんじょう》をにらんで、「カントは、なんでこんなに難しいんだ」と言っていたよね？（会場笑）

D――　はい、はい。一年かけて、『純粋《じゅんすい》理性批判』をドイツ語で頑張《がんば》って読みました。

カント　うん。読んでも、全然、分からなかったね。

D――　はい。円形脱毛症《だつもうしょう》になってしまったぐらい、難しかったです。

カント　そうだね。まあ、あれは、一ページでやめておくべき本なんだよ（会場笑）。

D――　はい（笑）。しかし、とても感銘《かんめい》を受けましたのが、『純粋理性批判』の第二版序文のなかでカント先生が述べられていた、「私は、純粋に、学問的希求から、神と永遠の生命《せいめい》、人間の自由意志を、形而上学《けいじじょうがく》として打ち立てたい。しかし、それでも、私の心のなかに信仰の領域を空けておきたいのだ」という趣旨《しゅし》の文章です。

カント　うーん、君、それは引っかかったんだよ。

それを言っておかないと、私は、教会に捕《つか》まって、裁判にかけられるからね（会場笑）。

それは、捕まらないために書いてある文章であって、信仰深く見せながら、自分の思想を述べていく手法の一つなんだよ。

君が、それに感銘を受けたんだったら、もう最初から、引っかかっている（会場笑）。

実は、それはデコレーションの部分なんだ。本音ではない。カント哲学を書いて、それを出版するに当たって、私が迫害《はくがい》を受けないために書いた文であるんだ。

アハハハハ、ハハハ。難しいだろう。アハハハハ。

D――　はい（笑）。ということは、私は、長らく曲解していたのかもしれません（会場笑）。

カント　そう。曲解していたんです。はい、その通りです。

D――　カント先生は、宗教的にたいへん敬虔《けいけん》なご両親の下《もと》で生まれ育ったと伺《うかが》っておりましたので、その宗教的教育の影響《えいきょう》が、ずっと、おありだったのではないかと、今日《こんにち》まで思っていたんですけれども（笑）。

カント　いやあ、本当はルソーと同じで、カントも密《ひそ》かに自分が「神」になろうとしていたんだよ。まあ、ルソーと一緒《いっしょ》だ。本当はそうなんだよ。

後世、哲学のなかから、「神は、自分の似姿を人間に与《あた》えた」という考えに代えて、「人間が、自分たちに似せて、神をつくった」というように考える、不遜《ふそん》な流れが出てくるが、そのもとにあるのは、私たちだ。

ただ、そうではあるけれども、実際、あの世に還《かえ》ってみたら、私たちは、「神」と言われるものにかなり近い存在ではあったので、まあ、「中《あた》らずと雖《いえど》も遠からず」という面はあったかなあ。

実を言うと、あの本は、無神論宣言でも、神をクビにする宣言でもなくて、仏《ぶっ》陀《だ》が、「修行によって仏になれる。菩《ぼ》薩《さつ》から仏になれる」と言って、仏になる道を説いたのと同じように、「哲学にも、神になれる道がある」ということを教える書であったわけだ。「君たちも、哲学をやれば、私のように、現代の神になれる」ということを、本当は教えたかったんだ。

そういうことを正直に言いすぎると、ソクラテスのように死刑《しけい》になるので、そうならないために書いてあるのが、序文の部分だね。まあ、恐《おそ》る恐るの時代であったことは事実かな。

4　幼児教育へのアドバイス

幼少時には、まず、「善悪の価値観」を教えよ

D――　私が非常に印象に残ったのは、『実践《じっせん》理性批判』のなかの、「人間は、最高善なる神を求めずにはいられない存在なのだ」というような内容です。

そこで、本日、いちばんお訊《き》きしたかった点について、お伺《うかが》いいたします。

私は、今、小さな子供たちに、それぞれの子供の年齢《ねんれい》で分かるように、信仰《しんこう》を教えているのですが、幼いころから、「崇高《すうこう》なるものを目指していく」という精神性を養っていくためには、どうすればよいのでしょうか。その点について、お

訊きできればと思います。

カント　うん。まあ、無理だね（会場笑）。一言で言って、「無理だ」と思います。無理だと思いますね。

それは、親のほうから直していかなければ、難しいのではないかな。大人のほうが駄目《だめ》なのに、子供にだけ、それを要求しても無理だね。

その時代には、崇高なものを教えるよりは、「動物性から切り離《はな》す」ということのほうが大事だね。動物性から人間性への離陸期《りりくき》であると私は思う。

そして、「動物性から人間性へ離陸するに当たって、『聖なるもの』が一定の影《えい》響《きょう》を与《あた》える」というように考えるわけだね。

だから、崇高なるものに対する畏敬《いけい》の念を教えようとして、合掌《がっしょう》・礼拝《らいはい》、あるいは読経《どきょう》など、いろいろやっているのだろうけれども、そのような「かたち」を通して、崇高なるものを感じ取らせることは可能だと思う。そういう作法で躾《しつけ》をすることによって、動物性から遊離させるわけだね。

それらは、すべて、動物には、できないことばかりだからね。動物ができるのは、最高でも、犬がお座りをして、お手をするところぐらいまでだ。動物は、そのくらいしかできないね。

だから、動物にできないことをやらせて、人間として仕立ててあげなければいけない。「折り目正しい礼儀《れいぎ》作法や、畏敬の念を持った動作を取ることを躾けることによって、次に、学問に対して真剣《しんけん》に取り組む態度をつくり上げていくことが可能になるのではないか」というように思うね。

まあ、カント哲学《てつがく》を幼児に教えるのは、若干、厳しいものがあるのではないだろうか。それは、君の趣味《しゅみ》だろう。

ただ、善悪の判断をする判断力をつけることは、やはり必要かなと思うね。

小さな子供にとって、「何が善で、何が悪か」を教えてもらうことは、わりに大事で、その時代に教わった価値観は、あとあとまで尾《お》を引くところがある。

それが、やはり、「教育の使命の一つである」と思うね。二十歳《はたち》を過ぎたら、自分の考えで勝手にやり始めるので、もう、どうにもならないところはあるけれども、幼少時であれば、「何が善で、何が悪か」ということを、行動や考え方においても教えていくことができるし、それが、その子の将来の人間性の方向を決めることはある。

人間界の〝水の濁《にご》り〟に対する免疫《めんえき》も必要

ただ、幼児教育も、あまり、禁圧的、禁欲的、戒律的《かいりつてき》になりすぎると、実は、実社会との乖離《かいり》が激しくなって、そのあと、公立小学校等に上がったときに、外の世界の子供との差があまりにできすぎてしまう。

そして、神の子供と人間の子供が一緒《いっしょ》になったような感じになり、そこで、少数派になった場合には、いじめの対象になることもあるので、気をつけないといけない。

だから、子供たちに善悪を教えつつも、親御《おやご》さんに対しては、「やはり、人間界の水が濁《にご》っている部分に対する免疫《めんえき》も、子供に多少はつけさせないと生きていけないことがある」ということを教えないといけないね。

子供が、あまりにも潔癖《けっぺき》になりすぎた場合は、たぶん、社会的不適応を起こして、小中学生で挫折《ざせつ》することになるだろうと思われる。

基本的に十一歳《さい》ぐらいからあとは、物心《ものごころ》がついて自分の理性に基づく判断ができるようになってくるとは思うけれども、そのへんまでは、注意深く見守らないといけないだろうね。

ユダヤ人に学ぶ「天才教育」のあり方

天才教育の可否については、難しいところがある。

幼少時に全部が決まるとは言えないけれども、いわゆる天才といわれる人は、学齢期に上がる前あたりの体験にかなり大きく影響されていることが多い。そのあたりの年齢で、どういう影響を受けたかということは、けっこう、本人は忘れていくんだけれども、それが深く潜《もぐ》っていて、大人になってから出てくることが多いね。

例えば、ユダヤ人は、ノーベル賞学者に占《し》めるパーセンテージがものすごく大きいでしょう？　ノーベル賞を取っている人の何割かは、ユダヤ人のはずだよ。

ユダヤ人は、人口で言えば、世界中で一千何百万人しかいないよね。しかし、これだけの人数しかいない割には、ノーベル賞を取る天才がたくさん出ている。

その理由は何かと言うと、幼少時代に、ユダヤ教の『旧約聖書』、まあ、言わば、神様や預言者の歴史、あるいは民族の歴史を、親が繰《く》り返し読み聞かせているからだ。また、子供に素読もさせているのかもしれない。そういうものが子供の脳に刺激《しげき》を与えて、それが、今度、学問領域で活躍《かつやく》するようになったときに、さまざまなインスピレーションを受けるためのもとになってくるんだね。

だから、宗教教育を幼いうちに上手にやることが、天才教育につながる面が必ずあると思う。内容が、全部、分かるとは思えないし、自分たちで自主的に読めるところまでは、たぶんいかないと思うけれども、大切な真理の本の一節を、毎回、読み聞かせるというかたちで構わないから、レベルをそれほど下げずに、通してやっていると、将来的に天才が現れてくることもある。

そういう高次なバイブレーションを、脳のどこかに残しておくことだ。そこに、天才教育の可能性があるね。

幸福の科学学園の中高では、ちょっと遅《おそ》いんですよ。実は、もう少し早いうちに刺激が要《い》るんだ。

あと、用心すべきことは、小学校以降に起きる、あの異文化の子供たちからの攻撃《こうげき》だな。

「〝アパッチ族〟の襲撃《しゅうげき》を受けるから、つまり、信仰を持たない子供たちからいじめられて、〝少数民族〟として迫害《はくがい》を受けるから、それに対して、子供をどう護るか」ということが、次の使命としてはある。

けれども、ユダヤ人を見れば分かるように、宗教教育や歴史教育をきちんとやっていることが、天才をつくるうえで大事になるね。

D――　本日は、幼児教育のポイントや、天才教育と宗教教育の関係などについいて教えていただき、本当にありがとうございました。

カント　カント学派の最後の弟子《でし》か。あなたは、もう、絶滅危惧種《ぜつめつきぐしゅ》の最後の生き残りだなあ（会場笑）。

まあ、何とか社会のお役に立って、生き延びてください。

D――　はい、頑張《がんば》ってまいります。

カント　「本当に役に立たない学問である」と自分でも思っているよ（会場笑）。「もう本屋から撤去《てっきょ》しても構わない」と本当は思っているんだけれども、まあ、分からないがゆえに尊いらしいので、いまだに残っているようだ。本当にありがたいことだな。うーん。

D――　本日は、まことにありがとうございました。

カント　はい。

大川隆法　カントさん、どうもありがとうございました。

第3章

今こそ宗教教育の解放を

二〇一〇年五月二十七日　ルドルフ・シュタイナーの霊示

ルドルフ・シュタイナー（一八六一～一九二五）
オーストリア出身の神秘思想家、教育家。ブラヴァツキー夫人の神智学《しんちがく》運動に加わったのち、「人智学協会《じんちがくきょうかい》」を設立。その霊的《れいてき》思想は、教育、芸術、医学、農業、建築など様々な分野に影響《えいきょう》を与《あた》えた。また、「自由ヴァルドルフ学校」を創立し、子供の主体性を尊重する教育（シュタイナー教育）を実践《じっせん》し、広めた。

［質問者二名は、それぞれE・Fと表記］

1 「霊性《れいせい》」と「教育」の関係

大川隆法　人智学《じんちがく》の創始者、ルドルフ・シュタイナーよ、ぜひ、ご降臨たまいて、われらに宗教教育のあり方をお教えください。

ルドルフ・シュタイナーよ、われらに宗教教育のあり方、霊的《れいてき》教育のあり方等を、ご指南《しなん》くだされば幸いです。

（約四十秒間の沈黙《ちんもく》）

シュタイナー　シュタイナーです。

E――　シュタイナー先生、本日は、ご降臨賜《たまわ》り、まことにありがとうございます。私は、幸福の科学の仏法真理塾《じゅく》「サクセスNo.1」で宗教教育を担当させていただいている者です。どうぞ、よろしくお願いいたします。

シュタイナー　はい。

E――　ぜひ、シュタイナー先生より、霊性《れいせい》と教育について、お教えいただければと存じます。

シュタイナー　うん。

E――　幸福の科学では、大川隆法総裁のご指導の下《もと》に教育事業も行っています。例えば、大川総裁の御法話《ごほうわ》「『サクセス№1』の精神」で説かれている、「宗教と教育は別個のものではなく、一体のものでなくてはならない」という教えを精神的な柱として、この春に幸福の科学学園が創立されました。

シュタイナー　うん、うん。

E――　その背景には、現代の教育があまりにも知識的な方向に傾斜《けいしゃ》しているという現状があります。例えば、高度な知識を持ったエリートと言われる方々のなかには、勉強すればするほど、悲観的になったり、チャレンジ精神を失ったり、社会に貢献《こうけん》する役割を忘れ、自分のことばかりを考えたりするような方が非常に多くなってきています。また、「本来、行動力を発揮すべきリーダーたちに、最も行動力がない」というような現象も見られます。

そうした観点を踏《ふ》まえて、ぜひ、霊性と教育の関係について、お教えいただければと思います。

「宗教心なき教育」は、創造性の破壊《はかい》である

シュタイナー　まあ、「宗教心なき教育」というのは、基本的に、創造性の破壊《はかい》だと私は思いますねえ。

ですから、「現代の教育が、知識を中心に組み立てられ、行われている」ということは、それによって失っている半面が必ずあるはずですね。その失っている半面は、おそらく創造性だと思います。

創造性のもとは、やはり、インスピレーションであり、それは霊界《れいかい》の存在を前

提としています。ですから、霊界からのインスピレーションを、本人の職業形成に役立てる方向で受けられるような教育をしていくことが大事です。そうした、インスピレーショナブルな人が数多く出てくることによって、社会は、新しいルネッサンス期を迎《むか》えることができると私は思います。

今の日本の教育は、全国一律ですね。それは、明治以降の、えー、四民《しみん》平等ですか？「生まれによらず、教育を一律に行って、国民のレベルを上げる」ということには成功していると思うんですけれども、神の恩寵《おんちょう》にあずかるような教育からは遠ざかっています。むしろ、「そこまで届いていない」と言うべきかもしれませんね。

要するに、「秀才《しゅうさい》をつくるところまでの教育しかできていない」ということです。神の恩寵にあずかるほどの天才が出てくるような教育には至っていません。

天才の根拠《こんきょ》は、何と言っても創造性ですよ。創造性のある人を育てられなければ、天才は生まれてこないし、そもそも、学問が創造性を破壊する方向に動いているのならば、やはり、一考を要しますね。今の受験勉強は難しくなりすぎていて、創造性が失われているところがあります。

まあ、天才に代わるものとして、知的レベルの高い者同士が、共同作業や会社仕事によって、創造的なものを構築しようと努力している点もあるため、そうした、実務のなかで、一部、創造性の部分が補われている面はあるかとは思います。つまり、個人主義でなく、集団主義によって創造性をつくっている面もあるのです。社風などによっては、そのようなことができることもあるとは思います。

でも、最後はですね、やはり、神秘的な思想や、神・仏なるもの、霊的なるものを恥《は》ずかしいと思っているようであっては、真の意味での天才は生まれないでしょうね。

また、真の意味での謙虚《けんきょ》さも生まれないでしょう。そして、謙虚な心がなければば、人間は向上することができないと思います。この世的に、いくらいい成績を取ったところで、それは、この世の世界の範囲《はんい》でのことであって、人間がつくったテストの点数にしかすぎないわけです。それで、神になれるわけではありませんね。

〝神の試験〟においては、まだ零点《れいてん》なんですよ。まったく白紙の状態だし、それが災《わざわ》いすると、地獄《じごく》の門を開く鍵《かぎ》にもなりかねないところがあるわけですね。その知恵《ちえ》が悪知恵になった場合は、悪魔《あくま》にだってなれます。天使も悪魔も、頭の良さでは変わらないぐらいです。頭がいいのは、両方にいるわけですね。

だから、その〝高度な教育〟が悪魔の大量生産にならないように気をつけなければいけないと思いますね。

「天使の心を心として生きるエリート」であってほしい

E――　当会では、大川隆法総裁より賜った、『サクセス№1祈願《きがん》』という経文のなかで、「勉強も心の修行と考え」、精進していきなさいという指針をいただいております。そして、「勉強を通して、心の修行をする。霊性を高めていく。魂《たましい》を磨《みが》いていく」ということを修行課題として、今、取り組んでいるところです。

この点につきまして、シュタイナー先生から、ご指導いただけることがありましたら、ぜひ、お教えください。

シュタイナー　いや、本来、学問をやる人間には偉《えら》くなってもらわないと困るんですよ。本来、指導者となるために、より高い学問を積んでいくわけですし、人よりも刻苦勉励《こっくべんれい》し、頭脳を鍛《きた》えた人たちが、その精神力や徳力でもって人々を啓《けい》蒙《もう》していくリーダーになることが、教育の理想だと思いますよ。

ところが、そうした、テストの点数の高い人たちが利己主義に走っています。「他の者との競争に勝って偉くなり、収入が多くなるためだけに、勉学を使っていく」という傾向が蔓延《まんえん》してきています。

家庭においても、親の期待は、かなり個人主義的なものになっています。「お金をかけたわが子がエリートになったので、自分も他人を見下せる」というように、子供と自分を同一視し、親も一緒《いっしょ》に偉くなったような気になっているところがありますねえ。

まあ、日本では、全国の偏差値《へんさち》秀才、学校秀才たちは東京大学などに行く人が多いでしょう。全部、調べたわけではないから、何とも言えないけれども、例えば、東京大学を卒業した人が、死後、天国に行っている比率と、宗教系の大学を卒業した人が天国に行っている比率を割り出してみたら、どうでしょうか。間違《まちが》った宗教の場合は、ちょっと話は違うかもしれませんが、神の光がきちんと降り注いでいる宗教系の学校を卒業し、その宗教を一つの基準にして生きた人は、たとえ、十や二十、偏差値的に下であっても、基本的に、天国へ行く比率が高いと思うんですよ。

彼らは、そういうテストの点数や偏差値とは関係なく、現実に、神様に近い世界に生きていると思うし、公共心や世界への愛、人類への愛というようなことに関しては、遙《はる》かに進んでいるところがあるでしょう。

今の公教育や受験教育のなかでいちばん危険なのは、「個人主義が過度の競争主義になり、結論的に利己主義になっている」ということですね。

修業期間中は、自分のために勉強すること自体は悪いことではないけれども、「修業期間が終わったら、世間に必ずお返しをしなければいけない」という気持ちを持たないと駄目《だめ》ですね。

多くの人々に支えられなければ、学校秀才になどなれるものではないはずです。自分を支え、応援《おうえん》してくれた人々に対する感謝の心もなく、社会に出てからも、人から尊敬を受けて偉くなることだけに汲々《きゅうきゅう》とするような、ただただ奪《うば》い続ける人間をたくさんつくったならば、教育としては失敗だと思いますね。

やはり、この世的な学問において高く評価されるような人が、敬虔《けいけん》な心、謙虚な心を持ちつつ、さらに、「他の人々のために生きていこう」という気持ちを強く持つことで、真なるリーダーになるだろうと思います。

また、神仏と一体になれるというか、天使たちの心を心として生きていけるようなエリートであってほしいですね。そのためには、一定の訓練と、一定の知識・経験は必要だと思います。

神は傲慢《ごうまん》な人類を絶対に許さない

今の学校教育では、宗教を教えません。

人間は、一般的《いっぱんてき》に、自分がまったく知らないものについては、ばかにする傾向がありますね。だから、現代人には、「神様に祈《いの》っている」とか、「神様を拝《おが》んでいる」とかいうことをばかにしたり、軽蔑《けいべつ》したりする傾向が非常に強いのです。

教育界もそうですが、特に、ジャーナリスティックな世界において、宗教を非常に見下したものの見方が横行しており、マスコミが疑似《ぎじ》権力者となっていると ころが、そうとうあると思います。彼らは、学校では、ある程度、秀才ではあったのでしょうが、そういう宗教の門をくぐっていない人たちが社会のリーダーになろうとして、世の中を混乱に陥《おちい》らせていると思いますね。

だから、私は、学校であろうと、政党であろうと、ジャーナリズムであろうと、やはり、宗教系のものがあったほうがいいと思いますよ。それらは、宗教にとっては、副次的な活動でしょうけれども、神仏の心を体《たい》して、この世的な活動を展開するものがなかったならば、誰《だれ》も神仏の心は分からないと思いますね。

まるで、自分たちが神であるかのような気持ちになってしまい、自惚《うぬぼ》れ、神をも嘲笑《ちょうしょう》の対象にするような民主主義が蔓延するようであれば、きっと、アトランティス大陸のように沈《しず》められてしまうと思いますよ。

だから、今、宗教の復興運動というか、新しい宗教の伝道運動が起きているけれども、この教えを広げることは、あなたがたに課せられた重い責任だと思いますね。これが広がらなかったら、神が、今の人類を許しておくわけはありません。神は、こんな傲慢《ごうまん》な人類を絶対に許さないですね。だから、アトランティスやムーのように、絶対、なりますよ。必ず、そうなります。

そうならないように、今、救世主が出ているんだと思いますよ。その救世主が、「地の果てまでも伝道せよ」と言っているけれども、本気でそれをやらなかったら、人類は滅《ほろ》びます。私はそう思いますね。

「学校秀才など無力であり、何の役にも立たない」ということを思い知らされることが、もうすぐ起きてくると思います。

それが起きる前に、あなたがたはやるべきことをやり、暁《あかつき》を告げる鶏《にわとり》のように、声をあげ、警告をしなければいけないと思いますね。

E――　教育のなかで、仏神の心を求めていくと同時に、私たち自身が先達《せんだち》として、見本を示せるように生きてまいりたいと思います。

2　神秘の世界からこの世を見る

E――　シュタイナー先生におかれましては、今から、およそ百五十年前に地上に生を享《う》けられ、ご生前は、偉大《いだい》な霊能者《れいのうしゃ》であったと伺《うかが》っております［注］。

シュタイナー　はい。

E――　そして、その後も、天上界から地上をご覧になっておられると思いますが、この百数十年の間、地上が変化していく姿をどのように見てこられたのか、仏や神の視点ということも含《ふく》めて、教えていただければと存じます。

この世の合理思想は、小さな箱庭のなかのルールにすぎない

シュタイナー　あなたがたの世界である三次元においては、「合理的で、客観性があって、計算できるものだけが真理である」というような考え方がとられていますね。

でも、実際、霊界《れいかい》というのは、必ずしも、そういうふうにはなっていないんですよ。霊界に還《かえ》ったら、摩訶不思議《まかふしぎ》なことがたくさんあります。この世にも因果《いんが》律《りつ》はあるけれども、あの世における因果律は、本当に難しいです。「どうしてこういうことが起きるのか」が分からない現象が、たくさん起きてきます。説明不能です。「神の心が理解できない」というような現象が数多く起きてきます。つまり、教科書に書かれていないようなことが、たくさん起きてくるんですね。

そうした神秘主義のなかにおかれると、この世の合理思想というものが、実に小さなものに見えてくるようになります。非常に小さな箱庭のなかのルールにしかすぎないことを、あれこれと言い続けているように見えてしかたがないんですね。

神秘的な世界は、この世的に見れば、非合理の世界でもあるんですけれども、やはり、そうした世界を受け入れるだけの器《うつわ》を持っていなければいけないと思います。それは、心を開いた分だけ入ってきますからね。

この世には、さまざまな仕組みや常識、あるいは、道徳律、学校の規則、学問の考え方など、たくさんのルールがあろうと思います。それはそれで、この世界のなかでご飯を食べていくという意味では大事なのでしょうけれども、やはり、それを超《こ》えたものがあることを知らなければいけないですよ。

この世的に認められる力を持ちつつ、神秘の世界を受け入れよ

だから、「サクセス№1」であろうが、「幸福の科学学園」であろうが、そこで教育を受けた方には、やはり、二倍の力が必要だと思いますね。大変な負担だとは思うけれども、この世的に、ある程度、認めてもらえるだけの力を持ちながら、神秘の世界をも受け入れるだけの容量が必要ですね。

先ほど、「カントの霊言《れいげん》」で話が出てきたスウェーデンボルグという人は、五十代ぐらいまでに、この世的にも十分な活躍《かつやく》をされ、評価も固まっていました。そういう実績のあった方が、五十代で神秘の世界への扉《とびら》が開いて、あの世の見聞をし、霊界紀行をたくさん公表し始めたわけです。

あなたがたの主である大川隆法総裁も、そういうところのある方だと思うんで

す。「宗教の開祖は、だいたい、霊的な能力しかなく、この世的な能力については、全然、駄目《だめ》だ」という場合が多く、教団運営のほうは、この世的な人が一生《いっしょう》懸命《けんめい》やるものなんです。しかし、幸福の科学においては、開祖のほうに、そうした両面性、両義性があると思うんですね。

それには、やはり、二倍の力が必要だろうと思いますよ。この世的に通用して、なおかつ、あの世的なものをきちんと受け入れるためには、二倍の力が必要だと思いますね。

したがって、宗教系の教育をするにあたっては、ほかの学校に負けないぐらい、勉強をきちんとやらなければいけないのと同時に、心の平静や、反省、瞑想《めいそう》、祈《いの》り、あるいは、神との対話の時間などを持つだけの余裕《よゆう》が要《い》るわけですね。

その意味で、負荷はかかるかもしれませんけれども、その努力の部分を「魂《たましい》の喜び」と感じる傾向性《けいこうせい》をつけなければいけないですね。

「サクセスNo.1」であっても、祈りの時間があったりすると、「こんなに祈っている暇《ひま》があったら、単語を覚えたほうが早い」と思いたくなるのが人情です。それもそうだとは思いますが、やはり、二倍ぐらいの圧力がかかっていると思わなければいけないのです。

最終的には、先ほど言ったように、「最高の大学を出ている人と、宗教系の大学を出ている人とで、天国に行っている比率がどうなっているか」ということです。それは、偏差値《へんさち》などとは、全然、違《ちが》った結果が出ることがあるということを、やはり、知っていなければいけないですよ。

E――　ありがとうございます。この世とあの世を貫《つらぬ》いた観点から、私たちがなすべき「魂の教育」について、本当に尊いご教示を賜《たまわ》りました。心より感謝申し上げます。

二倍、三倍と努力を重ねて、本当の意味で魂を向上させ、将来、社会に貢献《こうけん》できる人材を多数輩出《はいしゅつ》してまいります。

シュタイナー　うん。

E――　それでは、質問者を替《か》わらせていただきます。

シュタイナー　うん。

［注］シュタイナーは、生前、生きながらにして魂が肉体を抜《ぬ》け出し、実在界《じつざいかい》にて、人類の秘史と未来図が記された「アーカーシャーの記録」（アカシック・レコード）を見ることができた。『黄金の法』（大川隆法著、幸福の科学出版刊）参照。

3　不登校についてのアドバイス

F――　シュタイナー先生、本日は、ご指導、本当にありがとうございます。私は、「サクセスNo.1」で、高校生を担当させていただいている者です。

私の質問は、現在、問題になっている、不登校についてです。

シュタイナー　うん。

F――　今、いじめやウツなどが原因で不登校になり、半年、一年と学校に行かない子供たちが増えてきております。また、そうした子供たちを支える親も、非常に大変な思いをしております。

シュタイナー　うーん。

F――　不登校の子供たちを、親は、どのように見守っていけばよいのでしょうか。また、学校に行かせるべきなのか、それとも、そのまま見守ってあげるべきなのか、そのあたりの基準を、お教えいただければと思います。

学校に不適応を起こす人が出るのは、当たり前のこと

シュタイナー　私は、基本的に、「すべての人が、一クラス四十人の学級で教育を受けて、大人になっていける」というようなことが実際にありえたらおかしい

と思っています。そんなはずはないと思いますよ。

それでは、まるで、野菜工場の野菜のようなもので、計画的に、全部、栽培《さいばい》できるようなかたちですよね。

だけど、人間が動物である以上、そうはいかないですよ。野菜であれば工場で栽培ができるでしょうが、動物の場合はなかなかそうはいかないし、牛のように家畜《かちく》小屋に閉じ込《こ》め、乳だけを絞《しぼ》るというわけにはいかないと思います。やはり、放牧《ほうぼく》されている姿が自然の状態でありましょうし、柵《さく》を越《こ》えていくものもいれば、牛舎に帰ってこないものもいると思うんですよね。まあ、それが動物の特徴《とくちょう》です。

元気な盛《さか》りに、すべての人を同じカリキュラム、同じスタイルで縛りつけるのは、そうとう難しいと思うので、学校に不適応を起こす人が一定の比率で出るということは、当たり前だと私は思いますね。それを、「あってはならない不自然なことだ」と考えるほうが健全でないと思います。

ですから、「同じようなカリキュラム、同じような生活のスタイルには、とてもついていけない」という子が出てくることを前提にして、そうした子たちが生きていける道をつくっておくことが大事です。

集団生活ができずに、不適応を起こすから、そうした人たちが駄目《だめ》かと言えば、全然、そんなことはないわけです。そういう人たちのなかに、他の人と違《ちが》う異質な目を持った人、異質な才能を持った人、先見的な目を持った人などがたくさんいらっしゃいます。

もちろん、同学年についていけず、遅れる人もいるとは思いますが、そのなかには、型にはめることができないようなスケールの大きな方もいらっしゃるわけです。

だから、学校教育というのは、まあ、八割ぐらいが満足してくれればいいほうで、やはり、「二割ぐらいはみ出しても、当たり前だ」と思わなければいけません。

その残りの二割に関しては、それぞれの向き不向きに合わせた受け皿を多角的に研究していくことが、教育の使命だと思いますね。それは、フリースクールのようなものでも、あるいは才能教育のようなものでも構わないと思うのです。

全員を〝サラリーマン予備軍〟として育てるのは無理

今は、高等学校でも、勉強はそうとう難しいと思います。全教科を三年間勉強するのは、本当に、大変つらいことだと思うんですよね。

だから、「全教科をやるのがとても嫌《いや》だ」という子の場合には、いっそのこと好きな教科だけを勉強してもいい学校や、あるいは専門学校のようなものに入れても構わないと私は思うんです。それだけでも、十分、役に立ちますのでね。例えば、「日本語を読むことだけが好きだ」というような子だっているはずです。そのなかには、「高校の三年間は、もう、小説ばかり読んで暮らしたい」という子だっていると思うんですよ。そういう子は、今の学校教育ならば、必ずドロップアウトするはずです。

しかし、実際に、十六歳《さい》、十七歳、十八歳という多感な年代に、三年間、小説ばかり読んで暮らしたらどうなるかというと、それは、全然、別種の人間が出来上がってくるはずですね。おそらく、その多感な時代に、たくさんの小説を思う存分に読むことができた人間は、やはり、全然、違ったタイプの人間になるでしょうね。

もちろん、「理科の実験ばかりしたい」という人もいれば、「外国語の勉強ばかりして、実際に外国を回りたい」という人だっているわけですよ。十代の後半で、外国を放浪《ほうろう》してみたい人だっているわけです。

そういう人たちが一定の比率で出てくることを許容するだけの力が、社会にならなければいけないと思います。「全員が全員、〝サラリーマン予備軍〟として、育てられることが幸福だ」とは、私は思わないですね。

義務教育は中学までのはずですが、今では、高校もほぼ全入制になっていて、同じ教育で縛られています。さらに、大学まで全入制にしようとしているようですが、それが、必ずしも、人類の幸福になるとは思えないのです。やはり、義務教育をやっていいのは、せいぜい、中学ぐらいまでです。

理数系に進まない人にとっては、高校以降の数学などは、実際上、使わないものでしょう。また、理数系に進んだ人にとっては、大学受験のために世界史や日本史、地理などを一生懸命《いっしょうけんめい》に覚えさせられることは、かなりの苦痛を伴《ともな》うでしょうし、古文や漢文も苦痛かもしれません。

ただ、それが役に立つこともありますよ。例えば、地震学《じしんがく》の研究をするときに、

「古文書を読めたほうがいい」などということもあります。「古文が読めなければ、古代に起きた地震について調べられない」というように、古文が役に立つこともありますから、全部、否定はできませんけれどもね。

ただ、十五歳を過ぎて、才能がはっきり出てきた場合は、才能を伸《の》ばせる方向を選択《せんたく》して、そちらに行ってもいいと思うし、ある意味で、「学校教育はやめてもいいかな」という気もするんです。

国家に「洗脳の自由」を与《あた》えてはならない

宗教などは、だいたい、そうです。

宗教の知識そのものが、一種の教養であり、高度な学問であるので、宗教家になるのであれば、十五歳を過ぎた時点で、神学校《しんがっこう》や僧院《そういん》のようなところに行っても構わないのではないかと思いますね。社会に出てから必要になる内容を、一部、補わなければいけないとは思いますが、そういう宗教的思想を教えて、専門家を教育しなければいけないですね。

要するに、〝この世の学校〟に長く置けば置くほど、〝異物〟がたくさん入ってくるので、宗教家としての素質は落ちてくると思いますね。だから、宗教家を育てるのは、本当は早いほうがいいのです。

昔のお寺で言えば、六歳ぐらいから出家するんでしょう？　それと同じように、宗教として確立してきたならば、やはり、宗教教育を早目にやっていったほうがいいのです。「学校の勉強や大学受験用の勉強のほうがメインで、宗教の勉強は飾《かざ》りのようにちょっとだけある」というのが正しい姿だと思ってはいけないですね。

また、「国家が教育権を一手に握《にぎ》る」というのは、ある意味で、全体主義的な方向だと思います。中国や北朝鮮《きたちょうせん》などを見ても分かるように、「国家にだけ教育権がある」ということは、「国家に洗脳の自由がいくらでもある」という意味でもあるのです。「国家に洗脳の自由がある」ということは、基本的には、「『言論の自由』や『信教の自由』がない世界だってつくれる」ということですね。

だから、国家による教育があってもいいけれども、国家教育のなかに入らないものがあってもいいのではないでしょうか。大きな宗教等で独自の教育ができるようになっても、別に構わないのではないかなと私は思っています。

まあ、教育に関しては、無駄《むだ》な時間をちょっと使いすぎている面はあるかもしれないですね。

あなたがたは、今、中学をつくり、高校をつくり、次に、大学をつくろうとなさっているんでしょう? 大学までおつくりになったらいいと思いますよ。将来的に活躍《かつやく》が見込まれるような人物等は、内部のほうで宗教教育をしっかりなされたらいいです。そういう方は、推薦《すいせん》で大学まで行って、得意な領域を勉強し、活躍されたらいいと私は思います。

一定の大きさになった宗教は、国のなかにある独立した自治体のようになってきます。宗教のなかに、あらゆるものが入ってきますので、そのなかで、十分、生きていけるようになりますね。

学校教育に、もっと「選択《せんたく》の自由」を

これからの時代、〝国家独占型《どくせんがた》教育〟というのは、必ずしも正しいとは言えないのです。国家自体が間違っている場合もありえますからね。

そういうことを考えますと、私立学校が今、補助金漬《づ》けになって、国家の管理下に置かれている状態ですけれども、やはり、多様な価値観を受け入れるような

教育の形態があってもよいのではないでしょうか。

最終的には、「選ぶ、選ばない」というのは自由であって、駄目なものは廃《すた》れていくものです。市場原理ではそうなっています。例えば、「ケーキがおいしい、おいしくない」というのは、お客様が勝手に判断することであり、お客様が離《はな》れれば店が潰《つぶ》れ、集まれば繁盛《はんじょう》するわけですからね。

学校教育だって同じです。「選択《せんたく》の自由」を与《あた》えたら、流行《はや》るものは流行り、潰れるものは潰れていきます。それはそれでよいのではないでしょうか。国家独占になると潰れなくなり、悪いものでも供給し続けられて、強制させることができますのでね。そういう時代は、もう終わったのではないかと思います。

それがあってもいいのは、中学までかなと私は思います。高校から先に、国公立型の学校がたくさんあるというのは、本当は良くないことです。それが必要なのは親の所得が低い人たちの教育や、あるいは身体的にハンディがある人たちの教育など、非常に手間がかかり、採算が合わない場合ですね。あとは、一部、特《とく》殊《しゅ》な天才教育が必要な人たちもいるかもしれません。

国公立型の教育というのは、高等教育から先は、基本的に、三割もあれば十分だと私は思います。あとは、自由に選ばせていいのではないかなという気がしますね。

今、「サクセス№1」であっても、いわゆる一般《いっぱん》の学校や塾《じゅく》でやるような勉強のほうに押《お》されているでしょう？　信仰《しんこう》教育のほうは、やはり付け足しで、その分、時間の無駄のように思われていることだろうと思います。しかし、どこかで、信仰教育を、もう一段、押さないといけないですね。

教育の世界で実現している「国家社会主義」

国家社会主義は、教育の世界においては、もう実現しているんです。そのため、国家の理念が狂《くる》っていた場合は、国民全体が狂います。要するに、われわれの世界から見れば、「国家が無神論・唯物論《ゆいぶつろん》であれば、実は、国民全体が精神病院で教育されているようなものだ」ということですね。

真実を隠《かく》されているんです。「真実を教えられない」「真実を嘘《うそ》だと教える」「嘘を真実だと教える」といった教育が国家管理でやられたら、逃《に》げようがないですね。ずばり、〝収容所列島〟ですよ。それに近いものが、日本のなかにも現実にあるということを、忘れてはいけないですね。

経済的繁栄も大事ですけれども、それは、あくまでも、この世的な生計を立てるためのものです。家庭を営んだり、食べていったりするためには、どうしても必要な部分です。その職業訓練のために、学校が必要だとは思いますけれども、それがすべてではありませんよ。やはり、「人はパンのみにて生《い》くるものにあらず」ということを知っていなければいけないと思いますね。それを申し上げておきたいと思います。

今、幸福の科学は、良い指導者に恵《めぐ》まれていて、チャンスだと思いますから、あらゆる意味での精神革命を起こしていかれたらいいと思います。

政治の世界においても、今、困難を極《きわ》めながらやっていらっしゃるようですけれども、やはり、一定の政治的な力もあったほうがよいと思いますよ。そうしないと、この国は変えられないのです。すべてを法律や役所の通達などで縛られていきますので、何らかの、この世的な力はあったほうがいいかもしれませんね。

急ぐ必要はないけれども、次第しだいに勝ち上がっていかなければいけないと思います。そして、宗教教育を解放しなければいけないと思いますね。

F――　ありがとうございます。では、質問を以上とさせていただきます。

シュタイナー　うん。そうですか。

F――　ありがとうございました。

大川隆法　（シュタイナーに）はい、ありがとうございました。

あとがき

いま、必要とされていることは、真実の世界について教えつつも、発展し続ける現代社会に適応し、かつ、リーダーとなっていける世界的人材を養成していくことだ。言葉をかえるならば、信仰心を持った知的エリートを輩出《はいしゅつ》し、しかも、新文明建設の夢の担《にな》い手に育てていくことだ。

神仏や霊的存在、あの世を否定する教育学は間違っている。真実を基礎とした霊性あふれる教育が、熱く語られなければならないのだ。

二〇一〇年　六月二十三日

幸福《こうふく》の科学《かがく》グループ創始者兼総裁《そうししゃけんそうさい》
（幸福《こうふく》の科学学園創立者《かがくがくえんそうりつしゃ》）

大川隆法《おおかわりゅうほう》

『霊性と教育』大川隆法著作関連書籍

『福沢諭吉霊言による「新・学問のすすめ」』（幸福の科学出版刊）

『日米安保クライシス』（同右）

霊性《れいせい》と教育《きょういく》──公開霊言 ルソー・カント・シュタイナー──

2010年7月7日　初版第1刷

著　者　　大《おお》　川《かわ》　隆《りゅう》　法《ほう》

発行所　　幸福の科学出版株式会社

〒142-0041 東京都品川区戸越1丁目6番7号
TEL(03)6384-3777
http://www.irhpress.co.jp/

印刷・製本　株式会社 堀内印刷所

落丁・乱丁本はおとりかえいたします

ISBN978-4-86395-054-2 C0014
Photo: ©Ecoasis-Fotolia.com

大川隆法 最新刊・霊言シリーズ

菅直人の原点を探る

公開霊言 市川房枝・高杉晋作

菅首相の尊敬する政治家、市川房枝と高杉晋作を招霊し、現政権の本質を判定する。「国難パート2」の正体が明らかにされる。

1,200円

国家社会主義とは何か

公開霊言 ヒトラー・菅直人守護霊・胡錦濤守護霊・仙谷由人守護霊

民主党政権は、日米同盟を破棄し、日中同盟を目指す!? 菅直人首相と仙谷由人官房長官がひた隠す本音とは。

1,500円

アダム・スミス霊言による「新・国富論」

同時収録 鄧小平の霊言 改革開放の真実

国家の経済的発展を導いた、英国の経済学者と中国の政治家。霊界における境遇の明暗が、真の豊かさとは何かを克明に示す。

1,300円

維新の心

公開霊言 木戸孝允・山県有朋・伊藤博文

明治政府の屋台骨となった長州の英傑による霊言。「幸福維新」を起こすための具体的な提言が、天上界から降ろされる。

1,300円

※表示価格は本体価格(税別)です。

大川隆法ベストセラーズ・霊言シリーズ

未来創造の経済学

**公開霊言 ハイエク・ケインズ・
シュンペーター**

現代経済学の巨人である三名の霊人が、
各視点で未来経済のあり方を語る。日本、
そして世界に繁栄を生み出す、智慧の宝庫。

1,300円

ドラッカー霊言による「国家と経営」

日本再浮上への提言

「経営学の父」ドラッカーが、日本と世界の
危機に、処方箋を示す。企業の使命から国
家のマネジメントまで、縦横無尽に答える。

1,400円

景気回復法

公開霊言 高橋是清・田中角栄・土光敏夫

日本を発展のレールに乗せた政財界の大
物を、天上界より招く。日本経済を改革す
るアイデアに満ちた、国家救済の一書。

1,200円

富国創造論

公開霊言 二宮尊徳・渋沢栄一・上杉鷹山

資本主義の精神を発揮し、近代日本を繁栄
に導いた経済的偉人が集う。日本経済を
立て直し、豊かさをもたらす叡智の数々。

1,500円

大川隆法ベストセラーズ・霊言シリーズ

マルクス・毛沢東のスピリチュアル・メッセージ

衝撃の真実

共産主義の創唱者マルクスと中国の指導者・毛沢東。思想界の巨人としても世界に影響を与えた、彼らの死後の真価を問う。

1,500円

マッカーサー 戦後65年目の証言

マッカーサー・吉田茂・山本五十六・鳩山一郎の霊言

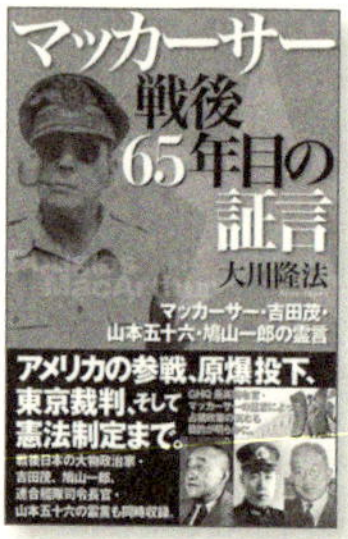

GHQ最高司令官・マッカーサーの霊によって、占領政策の真なる目的が明かされる。日本の大物政治家、軍人の霊言も収録。

1,200円

日米安保クライシス

丸山眞男 vs. 岸信介

「60年安保」を闘った、政治学者・丸山眞男と元首相・岸信介による霊言対決。二人の死後の行方に審判がくだる。

1,200円

民主党亡国論

金丸信・大久保利通・チャーチルの霊言

三人の大物政治家の霊が、現・与党を厳しく批判する。危機意識の不足する、マスコミや国民に目覚めを与える一書。

1,200円

※表示価格は本体価格(税別)です。

大川隆法ベストセラーズ・霊言シリーズ

福沢諭吉霊言による「新・学問のすすめ」

現代教育界の堕落を根本から批判し、「教育」の持つ意義を訴える。さらに、未来産業発展のための新たな理念を提示する。

1,300円

勝海舟の一刀両断!

霊言問答・リーダー論から外交戦略まで

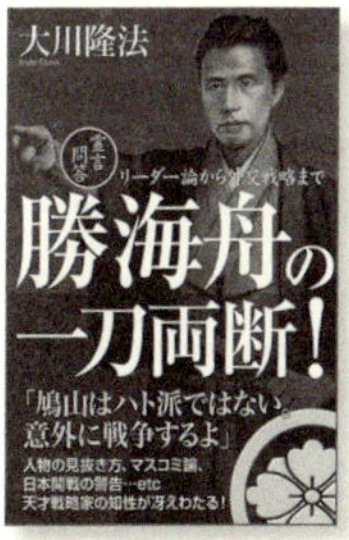

幕末にあって時代を見通した勝海舟が甦り、今の政治・外交を斬る。厳しい批評のなかに、未来を切り拓く知性がきらめく。

1,400円

西郷隆盛日本人への警告

この国の未来を憂う

西郷隆盛の憂国の情、英雄待望の思いが胸を打つ。日本を襲う経済・国防上の危機を明示し、この国を救う気概を問う。

1,200円

一喝! 吉田松陰の霊言

21世紀の志士たちへ

明治維新の原動力となった情熱、気迫、激誠の姿がここに! 指導者の心構えを説くとともに、現政権を一喝する。

1,200円

幸福の科学出版

あなたに幸福を、地球にユートピアを――
宗教法人「幸福の科学」は、
この世とあの世を貫く幸福を目指しています。

幸福の科学

幸福の科学は、仏法真理《ぶっぽうしんり》に基づいて、まず自分自身が幸福になり、その幸福を、家庭に、地域に、国家に、そして世界に広げていくために創られた宗教です。

「愛とは与えるものである」「苦難・困難は魂を磨く砥石《といし》である」といった真理を知るだけでも、悩みや苦しみを解決する糸口がつかめ、幸福への一歩を踏み出すことができるでしょう。

この仏法真理を説かれている方が、大川隆法総裁です。かつてインドに釈尊《しゃくそん》として生まれ、ギリシャにヘルメスとして生まれ、人類を導かれてきた存在、主エル・カンターレが、現代の日本に下生《げしょう》され、救世の法を説かれているのです。

主を信じる人は、どなたでも幸福の科学に入会することができます。あなたも幸福の科学に集い、本当の幸福を見つけてみませんか。

幸福の科学の活動

- 全国および海外各地の精舎《しょうじゃ》、支部・拠点などで、大川隆法総裁の御法話拝聴会、祈願や研修などを開催しています。
- 精舎は、日常の喧騒《けんそう》を離れた「聖なる空間」です。心を深く見つめることで、疲れた心身をリフレッシュすることができます。
- 支部・拠点は「心の広場」です。さまざまな世代や職業の方が集まり、心の交流を行いながら、仏法真理を学んでいます。

幸福の科学入会のご案内

◆精舎、支部・拠点・布教所にて、入会式にのぞみます。入会された方には、経典《きょうてん》「入会版『正心法語《しょうしんほうご》』」が授与されます。

◆仏弟子としてさらに信仰を深めたい方は、三帰誓願式《さんきせいがんしき》を受けることができます。三帰誓願式とは、仏・法・僧の三宝《さんぼう》への帰依《きえ》を誓う儀式です。

◆お申し込み方法等は、最寄りの精舎、支部・拠点・布教所、または左記までお問い合わせください。

幸福の科学サービスセンター
TEL 03-5793-1727
受付時間 火～金：一〇時～二〇時
土・日：一〇時～一八時

大川隆法総裁の法話が掲載された、幸福の科学の小冊子（毎月１回発行）

月刊「幸福の科学」
幸福の科学の
教えと活動がわかる
総合情報誌

「ザ・伝道」
涙と感動の
幸福体験談

「ヘルメス・エンゼルズ」
親子で読んで
いっしょに成長する
心の教育誌

「ヤング・ブッダ」
学生・青年向け
ほんとうの自分
探究マガジン

幸福の科学の精舎、支部・拠点に用意しております。
詳細については下記の電話番号までお問い合わせください。

TEL 03-5793-1727

宗教法人 幸福の科学 ホームページ **http://www.kofuku-no-kagaku.or.jp/**